设 计

主 编
巩海燕

中国书籍出版社
China Book Press

编委会

编委会主任　蔄延良

编委会副主任　陈同法　张旭东　刘　霖

编　委

孙国岭　李　勇　闫怀礼　陈　强

孙维强　卢　军　许昌华　巩海燕

张　磊　杨　健　郑敦强　高　晖

陈建欣　赵　辉　陈　嵩　孙晓霞

陈　莉　贾　真　官　宁　郑泽波

冷旭芝　李传元　薄福春

总主编　刘　霖

主　编　巩海燕

顾　问

于家骧　于　凡　刘　钊　刘文涛

江　帆　于炳强　魏世建　薛　原

前　言

　　当前国际、国内教育发展一日千里，新的教学方式层出不穷，新的课程资源也不断开发，教育研究日渐深入。"科研兴教"、"科研兴校"成为教育实现可持续发展的必由之路，也是在新形势下全面实施素质教育、深入探索学校教育教学规律的必然选择。开展教育科研，不仅会引领教师向专业发展，更可以促使学校的持续发展。

　　从国际、国内的形势和我国国家政策来看，教育正面临新的发展机遇。教育大发展的历史机遇必然带来教育思想的变革，教育思想的变革最终体现在办学行为上。超前谋划、未雨绸缪应该成为学校的共识和自觉行动。

　　青岛六中有着显著的教育特色：从1980年开始尝试新的办学思路，第一个高中美术班诞生了。正是这届美术班的创设为六中未来的发展拓宽了思路、指明了方向。学校自此开始逐年增加招生人数，并陆续从其他单位调入了一批优秀的美术教师。自此，高中美术班的数量不断增加。1988年初中也办起了美术实验班，1991年学校开始面向全市招收热爱美、追求美、有美术特长的学生，高中全部办成了美术特色班。一批批优秀的艺术人才从这里走出去。学校被命名为"青岛美术学校"，并被评为青岛市首批"教育改革十面红旗"学校。

　　青岛六中成为了美术家的摇篮，为越来越多喜爱美术的孩子提供了成才的机会。

　　青岛六中作为全国知名特色美术类普通高中、山东省艺术教育示范校、青岛市首批教改十面红旗单位，在"学画先学做人"的校魂和"自尊、自强、求真、求美"的校训引领下，我们一直在思考：如何提供既能满足社会多元化教育需求又能满足学生个性化需要的课程资源以提高学生的综合素质？

　　正如教育家柯米尼亚斯所说：人与树生长的环境很相似，一棵果树（如苹果树、梨树、无花果树或葡萄树）虽然能从自己的茎枝上不假外力地生长起来，但是如果它没有经常受到小心的栽培、浇灌，以及熟练园丁的修剪，也不能结出甜蜜的果实来。同样，对待正在成长

中的高中学生来说，尤其是青岛六中的美术高中学生来说，如何帮助他们健康成长，是一项艰巨的任务。

  为此，三年以前，学校立项并开始《高中美术校本课程开发、实施与质量评价研究》这一青岛市课题的相关研究。三年以来，课题组的老师们克服了种种困难，进行了卓有成效的研究：美术课程资源建设、美术分层走班实施方案、美术分层走班以后的学生和教师评价等难题逐一化解。课题研究过程中，青岛六中的美术教育教学水平也在逐步提高，学生综合素质不断提高。学校构建了绘画、设计、鉴赏"三位一体"的专业教学体系，文化教学和美术教学齐头并进、协调发展。为美术创新型人才的成长奠定了坚实的基础。

  千帆竞渡，百舸争流，艰难困苦，玉汝于成。

  青岛六中人是勤奋的，也是聪慧的，相信在全体六中人的不懈努力下，我们在教育改革的东风下，一定会取得更加骄人的成绩，为国家、民族之复兴培养更多的美术专业后备人才。

校长 蔺延良

2015 年 10 月于青岛观象山下

编者话

青岛六中坐落在风景秀丽的观象山北麓，红瓦绿树、依山观海，一年四季景色怡人，是学画、写生的好地方。秀美的自然风光和浓郁的艺术氛围孕育了我们青岛六中这所美术特色的普通高中。我们青岛六中，迄今已有三十多年的美术教学经验，积淀了丰厚的美术文化底蕴，走出了一条美术特色教育的成功之路。

当下，素质教育已经成为我们全社会的共识，在推进素质教育的过程中，越来越多的人认识到美术教育在提高与健全学生的素质方面所具有的独特作用。尤其是美育列入我国中小学教育方针以后，美术教育受到空前的重视，迎来了新的发展机遇，进入了重要的发展时期。作为青岛唯一的公办美术特色普通高中学校，我们有责任、有义务更努力地培养适应未来发展的美术创新型人才。

课程是一个学校特色的基础和保障，任何学校特色都需要一定的课程作为支撑，没有一定的课程支持学校特色是难以形成的。多年来，我们通过对课程、教法、评价等方面的改革实验，总结出了一套包含教育理念、教育目标、课程体系、评价体系、管理体系和文化课、美术课协调发展在内的，相互联系、有机统一的美术特色教育模式，促进了学校办学特色的形成，在全面实施素质教育、促进学生个性发展方面，取得了显著的成效。但是，对照国家对人才素质的要求，我们在美术校本课程的开发、实施与质量评价研究等方面，有些经验、做法有待于进一步提高和发展。基于这样的认识，我们提出了"高中美术校本课程开发、实施与质量评价研究"课题，旨在通过对高中美术校本课程的开发和实施，更好地全面实施素质教育，促进学校办学特色的进一步发展。

"校本课程开发"（School——based CurrieulumDevelopment，简称SBCD）的思想源于20世纪60~70年代的西方发达国家，针对国家/州政府课程开发的弊端，要求政府应明确在国家课程计划框架内的权力分配，把一部分权力下放给学校，强调学校、地方一级的课程运作，主张学校的教师、学生、学生家长、社区代表等参与课程的决策，以学校为基地进行课程开发，实现课程决策的民主化。在短短几十年时间里，这一思想很快波及到世界上众多的国家，许多国家纷纷出台了把课程的决策权部分下放给学校的课程政策，产生了在"校本课程开发"理念支配下的多种多样的操作模式。可以说，校本课程开发是当今世界课程改革的一种潮流，也是未来基础教育课程改革的一种基本取向。

很多国外发达国家的美术教育注重素质的培养，重视人的创造能力与评价能力，强调个性形成，注意与其他学科的相互联系，把美术教育作为全面育人的重要组成部分，通过美术的教育获得全面协调的人，将生活乐趣、艺术实践、社会服务三者统一。

从课程设置和教学内容的安排来看，国外发达国家普遍重视美术，美术课时安排充足，从时间上保证了孩子们的学习。美术学科在学校教育中与语言、数学等其他学科具有完全平等的地位。绘画、立体制作和生活用品制作占有很大比例，比如，德国把舞台表演与布置（综合艺术）纳入造型艺术进行学习。教学内容的安排非常广泛，像德国没有统一的教科书，只有以大纲形式印发的教学建议。日本虽有美术教科书，但也体现出很大的自主性和灵活性。教学内容做到以提示、启发、引导为主，注重培养学生的观察、想象、实践、创造能力。

从课程教学形式来看，国外发达国家的美术课堂授课完全是开放式的。教师只是提出任务，稍加启示，大部分时间都是让学生各取所需，各得其乐，让学生在成功里进步，在失败中吸取教训、总结经验。教师是活动课程的准备者、组织者，只在学生有困难需要帮助时，教师才帮助他们，真正体现出以学生为主体。

虽然国外的美术教学理论、实践经验是比较成熟先进的，但在某些细节、文化背景等方面不适合中国国情，需要我们有选择地学习。

校本课程资源开发是我国基础教育学校课程改革面临的重大问题。目前我国课程改革的发展方向是给地方和学校更多的课程开发和设计的权力和职责，鼓励学校在认真实施国家课程的基础上，开发各具特色的多样化的校本课程。

纵观我国的美术教育，是在不断发展完善的。进入21世纪之后，我国的美术教育研究在继承传统、学习国外先进经验的基础上，针对不足之处进行了改进，在课程开发和设置方面取得了一些成果，大部分高中学校根据国家课程改革精神和《高中美术课程标准》开足了国家规定的美术课总量，完善了美术教学设施，创造了良好的学习条件。

新课改以来，关于校本课程的研究在各地展开，遍地开花，但是在美术课程方面的研究大多局限在某一种专门的领域，比如陶艺、版画、设计等，而针对美术特色学校的课程设置、管理与评价方面的系统模式的研究相对较少，且研究成果很少得到交流与推广。尤其是，一些进行美术特色教育的学校的教育观念、培养目标以及教学内容、教学方法、教学形式仍然停留在只为高等教育学校输送大学生的层面上，忽视了对美术特长生的文化素质、审美情趣、人文精神等整体素质的培养，更缺乏对美术特色教育的内涵及美术特长教育规律的探索和研究，其只为应试而教育所产生的负面影响，已经削弱了美术特色教育在对青少年的情感、态度、价值观的培养和对学生精神世界和整体素质的提高方面的作用。

因此，构建符合美术特长生认知和发展规律的美术特色教育的课程体系、管理体系和评价体系，对于形成我国的高中美术特色教育模式，培养适应未来发展的美术创新型人才，具有十分重要的现实意义和深远的历史意义。而开发一个富有实效性的美术校本课程，则必须是一个不断反复实践的过程。美术特色学校的课程设置需要与时俱进，进一步完善，以适应社会、经济的发展和各类学生发展的需要。正是基于这种认识，我们青岛六中在走特色教育之路"育高素质美术特长人才"的先进教育理念指导下，跳出"应试教育"的怪圈，在教育理念、育人目标、课程设置、教学评价和管理等方面进行持续不断的探索和实践，这不但有利于青岛六中的美术特色教育的可持续发展，也有利于全国高中美术特色教育的体系建设和促进美术特色教育的规范与健康发展，为国家培养更多的高素质的美术后备人才。

这套丛书就是我们为培养创新型人才尤其是高素质的美术后备人才而进行的积极努力的实践归纳和理论总结。

刘霖
2015年夏于青岛

目录

第一章 装饰图案设计

- 综述 …………………………………………… 1
- 什么是图案 …………………………………… 4
- 装饰图案设计的基本环节 …………………… 10
- 装饰图案设计的基本规律与形式法则 ……… 10

第二章 装饰花卉

- 花卉装饰造型设计（高一年级开设）……… 13

第三章 动物装饰造型设计

- 动物装饰造型设计（高二年级开设）……… 23

第四章 风景装饰造型设计

- 风景装饰造型设计（高二年级开设）……… 32

1

第五章 人物装饰造型设计

- 人物装饰造型设计（高二年级开设） …………… 41

第六章 图形创意设计

- 图形创意设计（高三年级开设） …………… 48
- 图形创意设计课程实施 …………… 48
- 图形创意设计 …………… 49

第七章 设计艺术中的点线面

- 设计艺术中的点线面（高一年级开设） ………… 61
- 概述点线面 …………… 62
- 点线面的基本特征 …………… 68

第八章 色彩构成

- 色彩构成设计（高三年级开设） …………… 82

第一章 装饰图案设计

综述

　　装饰图形具有特定的装饰性和实用性，是与工艺制作相结合的一种艺术形式。装饰图形可分为两类：一类是平面图形，是用于商品广告、商标标志、书籍装帧、印染服饰等设计中的图形；另一类是立体图形，指器物的造型与纹样，如建筑物、日用品、商品容器、家具等的装饰纹样。

　　装饰图形的产生可追溯到史前。可以说，自有艺术活动起，就有了装饰手法。原始社会早期，人类对美的追求集中表现在石器的加工制作上，新石器时代则表现在陶器的纹饰中。从人类用颜料纹身，以及将兽骨、珠贝等物装饰于形体上，把图形绘制在器皿和武器上，成为标志性图形开始，装饰的萌芽就渐渐形成。人类崇拜这些图形，它们象征超自然的、人们幻想中的神秘力量。

　　世界各国的装饰图形历史可以从文明古国——古埃及说起，古埃及是世界上较早运用程式化艺术法则的国家，创造了古象形文字及装饰图形。希腊瓶画图形构图丰满，线描简练匀称和谐，内容有当时战争、狩猎、爱情、婚姻等题材。波斯的装饰图形巧妙地利用多层次、多视点、多侧面的装饰语言，表现了三维空间的效果，绚丽的色彩，有诗歌般的抒情韵律。非洲的装饰图形风格粗犷、质朴热情、节奏感强，多用直线、几何形装饰手法，夸张大胆。大洋洲的装饰图形风格远离自然，有神秘性，以曲线、螺旋形、对钩形为主，造型上富有想象力。

埃及底比斯王谷浮雕

设计 Design

古希腊陶瓶

意大利面具

美洲印地安水壶

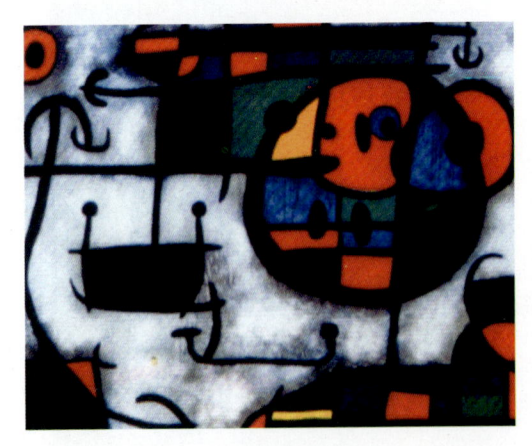

米罗作品

马蒂斯作品

第一章 装饰图案设计

我国古代有丰富的装饰图形宝藏。中国传统图形从新石器时期的彩陶开始,就有动物、植物、人物、几何形的装饰图形;商周时期的青铜器上,有凤鸟纹、象纹等;战国时期除发展了青铜器外,开始有了漆器、织绣纹样、玉器造型及纹饰;汉代装饰图形主要有建筑物的画像石、画像砖、瓦当纹饰、织绣纹样和金属制品的造型与纹饰;南北朝佛教盛行,发展了石窟艺术,有石刻纹饰、飞天、忍冬草、莲花等装饰图形;唐代有卷草、折枝花、团花、宝相花诸纹饰;元末时期有莲花、牡丹纹样出现在陶瓷制品上;明清时期的瓷器、织绣、雕漆、景泰蓝等工艺美术品更有了十分丰富的纹饰。

中国民间艺术也有十分丰富的图形纹饰,它们更加贴近百姓的生活。民间图形有祈祥纳福的象征意义,内容有庆贺寿辰、婚姻爱情、戏剧故事、民间传说以及百姓的日常生活场景,等等,有剪纸、蓝印花布、蜡染、刺绣、泥玩具、木版画等表现手法及制成品。

马家窑彩陶 　　半山彩陶 　　阿勒泰岩画

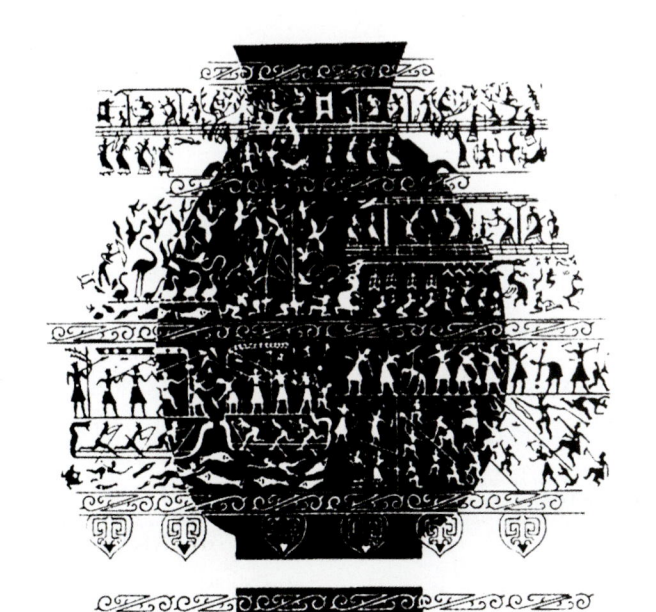

战国"宴乐渔猎攻占纹"壶 　　战国彩绘漆盾流云纹

战国镂空蟠曲纹　　　　　　　　　　　　藻井装饰图形

　　了解中外装饰图形的历史，对今天的设计者来说有十分重要的意义。中国不同历史时期的装饰图形，造型优美、图形风格各异、变化多样，既有丰富的民族特色又有不同时代的风格，充分显示了中华民族的聪明才智。了解世界各国的装饰图形，为我们提供了更加丰富的装饰语言。继承中国的传统艺术精华，学习、借鉴外国的装饰图形，从中提取有益的养料，补充自己，是设计师提高自身修养及创作能力的有效途径。

什么是图案

一、图案的基本含义

　　图案，顾名思义，即图形的设计方案。

　　图案教育家陈之佛先生在 1928 年提出：图案是构想图。它不仅是平面的，也是立体的；是创造性的计划，也是设计实现的阶段。

　　图案教育家、理论家雷圭元先生在《图案基础》一书中，对图案的定义综述为："图案是实用美术、装饰美术、建筑美术方面，关于形式、色彩、结构的预先设计。在工艺材料、用途、经济、生产等条件制约下，制成图样，装饰纹样等方案的通称。"（人民美术出版社，1963）

　　《辞海》艺术分册对"图案"条目的解释："广义指对某种器物的造型结构、色彩、纹饰进行工艺处理而事先设计的施工方案，制成图样，通称图案。有的器物（如某些木器家具等）除了造型结构，别无装饰纹样，亦属图案范畴（或称立体图案）。狭义则指器物上的装饰纹样和色彩而言。"（上海辞书出版社）

　　一般而言，我们可以把非再现性的图形表现，都称作图案，包括几何图形、视觉艺术、装饰艺术等。在电脑设计上，我们把各种矢量图也称之为图案。

　　我们可以说图案是与人们生活密不可分的艺术性和实用性相结合的艺术形式。生活中具有装饰意味的花纹或者图形我们都可以称之为图案。

第一章 装饰图案设计

图案根据表现形式则有具象和抽象之分。具象图案其内容可以分为花卉图案、风景图案、人物图案、动物图案等等。明确了图案的概念后，才能更好的学习和研究图案的法则和规律。

图案是实用和装饰相结合的一种美术形式，它把生活中的自然形象进行整理、加工、变化，使它更完美，更适合实际应用。系统地了解和掌握图案的基础知识和技能，不仅能提高对美的欣赏能力，而且还能在实际应用中创造美、得到美的享受。

二、图案的概念

有装饰意味的花纹或图形。以构图整齐、匀称、调和为特点，多用在纺织品、工艺美术品和建筑物上。

三、图案分类

图案分类的方法很多。按所占空间分，有平面图案（如地毯、织锦、刺绣图案）、立体图案（如家具、陶瓷图案）。按历史范畴分，有原始社会图案、传统图案、现代图案。按社会关系分，有宫廷工艺美术图案、民间工艺美术图案。按工艺美术品的种类分，有青铜图案、陶瓷图案、漆器图案、印染图案、织锦图案、工业造型图案、家具图案、商标图案、书籍装帧图案等。按装饰手法分，有写实图案、变形图案、具象图案、抽象图案、视觉错图案等。按图案的结构分，有单独图案、角隅图案、适合图案、边饰图案、连续图案等。按装饰题材分，有植物图案、动物图案、人物图案、风景图案、器物图案、文字图案、自然现象图案、几何图案以及由多种题材组合或复合的图案。

四、造型方法

图案造型是依据形象所具有的自身规律，符合人类审美的需求，运用图象符号进行艺术创作。图案造型方法与绘画等造型艺术不同，它具有更多的表现力，除了生活中的具体形象以外，一切抽象的形象也都是图案造型的基本手段。构成图案造型的要素是点、线、面。根据点、线、面以及色彩的视觉心理，运用对比与统一、对称与平衡、节奏与韵律、条理与重复、比例与权衡等形式美的原则，结合材料、工艺、技术及功能等方面进行总体意匠，是图案造型的基本方法。具体地说，主要有：

1. 点、线、面的视觉心理的运用。点有规则形和不规则形。规则形点有圆形点、方形点等，其中圆形点给人以完整、充实、内聚、运动之感；方形点给人以方正、坚实、规整、静止、稳定之感。线有直线、曲线，运用疏密、长短、粗细、重叠、交叉、顺倒、连续等变化，可产生各种线形，给人以引导视线方向、起止、动静、升降、坚柔等感觉。面有平面（包括垂直面、水平面、斜面）、曲面，以大小、反复、交叉、重叠、相对、分割等组成各种几何形象。

2. 面的分割形成图案的骨骼和章法。主要有矩形骨骼、菱形骨骼、圆形骨骼、复合形骨骼、连续构成骨骼等。有的骨骼较显露，而有的骨骼则较为隐埋，可获得不同的装饰效果。在连续构成骨骼中，

5

如二方连续图案和四方连续图案，在每一单位连接时，采用方向斜置、倒置、位置间隔排列等手法，可取得千变万化的效果。

  3.图案形象格体的变化。采用写实、变化、组合等手法，使图案形象格体多样化。在写实型图案形象中，可分为精细型、粗放型和简化型。在变化型图案形象中，可分为强化夸张型、概括简化型、抽象变化型等。例如，蝴蝶图案就采用强化夸张的手法，将它的双须、双尾适当伸长，不仅使其美观，更有凌空飞舞之感。在组合型图案形象中，可归纳为共生型（如集合动植物形象为一体）、重叠组合型、集合组合型（如集合四季花卉于枝头的折枝花、集合数种鸟的形象于一体的凤凰，集合数种动物形象于一体的龙）、分离组合型（如原始社会彩陶中的人面鱼纹、青铜器图案的兽面纹）。

  4.动和静的效果、姿势的强调，明确动态与力度。例如，飞天的图案有徐缓式运动型、飘越式运动型、飞翔式运动型、对垒式（两人相对）运动型等各种形式。

五、发展趋势

  图案设计是人类有目的的社会性创造活动，属于人类社会的物质文化活动。随着时代的变迁，图案创作与制造者逐渐分离，成为独立的设计活动，并沿着自身的规律不断地发展和完善。随着物质生产的分工越来越细，图案设计专业也进一步分化。按设计对象、材料、工艺、技术等不同，图案设计分为纺织图案、陶瓷图案、玻璃图案、皮革制品图案、塑料制品图案、家具图案、工业造型图案、服装图案、首饰图案、钱币图案、室内设计图案、交通工具图案、环境艺术图案、书籍装帧图案、广告图案等。由于电视、通信、广播技术的发展，现代商业广告已发展为立体型的图案及信息传递。同时，现代产品的工艺技术日益复杂，某一单项产品的图案设计也要涉及广泛的科学知识，所以单项产品的图案设计也往往需要由各种门类的设计师所组成的集团来共同完成。

传统装饰图形在现代中的运用

第一章 装饰图案设计

首饰

包

设计 *Design*

陶艺

产品

8

第一章 装饰图案设计

服装设计中对各类图案素材的运用　　　　自然素材：花卉植物图案

动物图案

装饰图案设计的基本环节

装饰图形设计的训练主要分为写生、变化、构成三个环节。经过三个环节的艺术实践，方能掌握装饰图形设计的基本规律。

写生是图形设计的第一步，通过对自然物的真实描绘，收集自然美的形象资料，为装饰图形的变化、构成提供素材和依据。

变化是将自然的物象依据美的形式法则，经过主观理念的简化、加强、夸张，上升为艺术形象的阶段。依据不同的自然对象的形态，采取不同的表现方法。变化可分为写实变化与写意变化，前者是指变化后的形象相对写实，写意变化则包含较多的主观因素，变化后的形象打破了对象的客观性，以达到装饰效果为目的。

而第三步构成，则要求设计者根据装饰图形的主题要求，赋予图形诗情、画意、象征、寓意等意境。要设计出令人满意的装饰图形，设计者必须研究装饰图形的形式法则，图形的造型、图形的构图以及它的描绘手法。准确掌握运用装饰语言，是创作完美的装饰图形的前提。装饰图形的造型语言区别于自然物的描绘，它用概括、提炼或简化而得到物象的影像形，影像形排斥非本质的光、色、空间的制约，有明确的单纯性。通过概括提炼赋予物象神与形而得到简洁、单纯的装饰图案语言。毕加索画牛的过程，从复杂的客观写生逐渐变化为只有几条线的单纯形象，便是一个典型的例子。

装饰图案设计的基本规律与形式法则

形式美的法则是以人类大多数的生理心理需要为前提，是阐述美的一般形式问题，其法则也是各类艺术所遵循的基本规律。

第一节 基本规律

一、统一与变化的意义

统一与变化是构成形式美的两个基本条件，变化是图案的创作方法，没有变化图案就没有生命力。统一是将变化进行总体管辖，是将变化进行有内在联系的设置和安排。一味追求统一，会产生单调、平凡、沉闷之感；无穷的变化又使人不安和烦躁。统一与变化既相互依赖，又相互制约，是一对矛盾的双方。这两方合理的运用，正是创造形式美的技巧所在。它是衡量艺术的尺度，也是创作中必须遵循的法则。

二、统一的作用与种类

1. 统一的作用

统一是为了使设计的主题突出、主次分明、风格一致，达到整体协调和完整是一件作品的最终统辖。形状、大小、色彩、位置、肌理都各具感染力，如果构成因素中产生了相抵触、相矛盾的结合，这就是不统一。

2. 统一的方法
- 主体突出
- 次主体不越位
- 陪衬服从于主体
- 形色呼应
- 风格同化

三、变化的作用与方法

1. 变化的作用

变化是使设计在构成因素上形成的对比、对照或对立，从而在形象、秩序、层次乃至色彩等方面有所突破、有所创新，并产生情感和意境。

2. 变化的方法
- 形状的变化
- 颜色的变化
- 方位的变化
- 量的变化
- 肌理上的变化
- 意境上的变化

第二节 形式法则

一、对称与均衡

对称是以形象与色彩在不同位置上的相同求得统一，均衡是在图案不同位置上量与力在视觉心理上的平衡求得内在的统一。

1. 对称（绝对的统一）

形状、重量面积上位置上的统一平衡。

2. 均衡（变化的统一）

量等形不等，视觉心理上的平衡、稳定力学上的不平衡。

二、对比与调和

1. 对比

对比必须含有两个以上不同造型因素才能显示出来，求变化的最好方法，依整体需要，可轻微、可显著、可简单、也可复杂。

2. 调和（统一的因素就是调和）

调和构成美的对象在内部关系中无论质和量都相辅相成，互为需要其矛盾形成秩序的状态，还是一种变化的美。

三、节奏与律动

音乐中名词，节奏是指音在时间上的长短、快慢等有秩序的变化。节奏指构成的因素的大小、多与少、强与弱、轻与重、虚与实、曲与直、长与短、快与慢等有秩序的变化。节奏在构图方位上，可以产生多种强度不同的律动感，律动是造型单位有规律的运动。律动的构成因素有点、线、面及体，其中曲线最具动态感。

1. 运动迹象节奏——基本单位在经过位置形成一道轨迹。

2. 生长势态的节奏——基本形逐级增大、增近、远去或节节增高。

3. 反转运动的节奏——线的运动方向或基本形运动的轨迹作左右、上下来回反转，尤其是形成曲线状，可产生强有力的节奏感。

四、韵律与重复

1. 韵律是文学创作的用语，是诗歌中抑扬顿挫和音在韵脚上的规律，韵律是构成要素或单位呈现有规律的反复或周期反复。

2. 重复

● 有规律的重复——每隔一定距离或角度的反复。

● 无规律的重复——方向、距离不定向的重复。

● 等级性的重复——等比等差关系作等级变化。

对装饰图案变化规律和法则的认知、理解，是设计学习中最基础的内容，合理的运用这些法则有助于提升设计作品的形式和美感。

第二章 装饰花卉

花卉装饰造型设计（高一年级开设）

学习目标

1. 学会花卉装饰的基本变化规律与色彩运用规律。
2. 掌握黑白、彩色单独及适合纹样的制作方法，并在实践中应用。

学法指导

简化、概括、提炼出花的结构特征，讲授、示范及多媒体课件展示。

学习过程

讲授辅导花卉写生，设计制作花卉黑白、彩色装饰图案。

1. 花卉装饰造型的变化规律。
2. 花卉装饰造型的表现。
3. 花卉装饰造型设计的应用。

黑白花卉装饰一幅，彩色花卉装饰一幅。

评价标准

A. 花卉造型、结构准确生动，装饰语言运用熟练，画面富有表现力和感染力。

B. 花卉造型、结构较准确，装饰语言运用较为熟练，画面有一定的表现力。

C. 花卉造型、结构存在一定的问题，装饰语言运用较为生疏，画面表现力欠缺。

教学内容

装饰花卉

一、装饰花卉的主要构成形式

1. 单独纹样：

不受周围环境约束和限制，具有一定的独立性。

- 折枝花式
- 团花式
- 边角纹样
- 轮廓纹样

2. 花卉单独纹样的样式变化：

对称式与平衡式

3. 适合纹样：

指适合在一定外形范围内的独立完整的装饰性图案。

（如：方形，圆形，三角形，多角形，梅花形，桃形，器物形等）

4. 构成形式：

- 对称——左右、上下、三面、四面、多面等。
- 平衡——直立、放射、向心、旋转、环状等。

5. 作法：

- 分割法
- 旋转法

6. 构成要点：

宾主呼应、层次分明、虚实得当。

7. 花卉适合纹样的骨架：

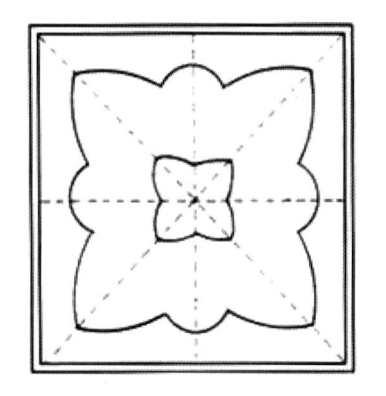

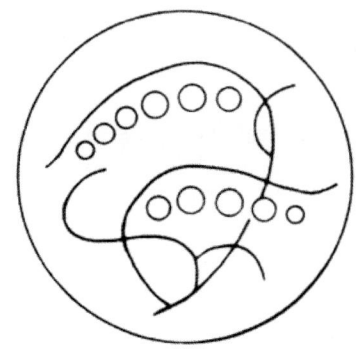

二、装饰花卉的形态

1. 自然形态

2. 意象形态

3. 抽象形态

三、花卉图案的变化规律

1. 抓特征

2. 取舍

3. 夸张

4. 添加

四、花卉图案的变化形式

1. 结构变形——依物变形，注重线的造型，注重原形。

2. 简化变化——删繁就简法，强调本质结构特征的鲜明性。

3. 夸张变形——典型特征加以夸张使其长更长、圆更圆、细更细、粗更粗等。

4. 装饰变化——添加变形，可以违背生长规律的形象有机组合。

5. 分解组合变形——用一个或几个基本形，通过分解切割以一定的规律加以重新组合。

6. 意象变形——主观意象感受的充分发挥。

7. 几何形态变形——用单纯的几何形组合装饰形象。

8. 抽象变形——形象单纯化、意念化。

第二章 装饰花卉

■ 范例欣赏 ■

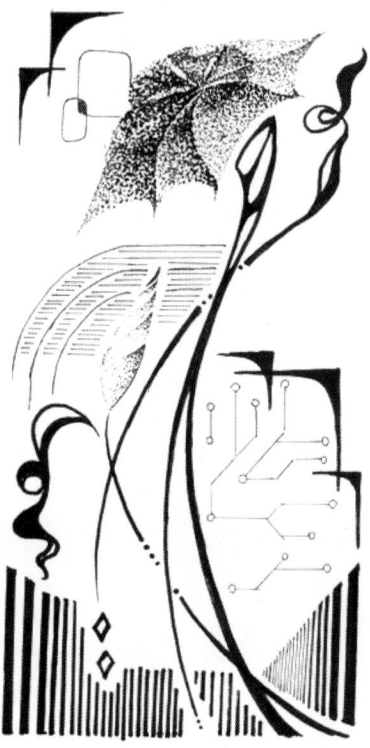

王广翔

设计 Design

张晓兰

庄晓腾

18

第二章 装饰花卉

王文翔

卢军（老师）

刘子煜　　　　　　　　苏阳

设计 Design

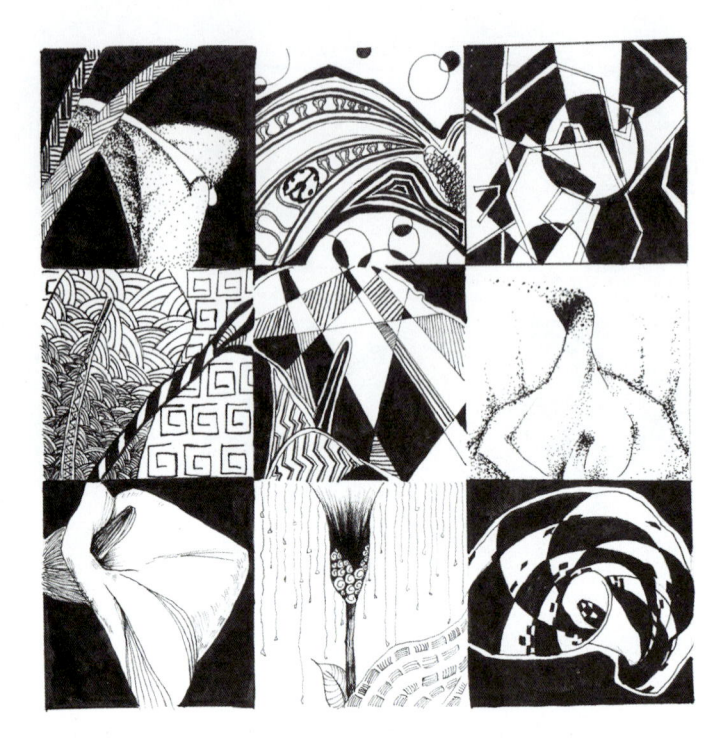

秦皓月

朱蕾

20

第二章 装饰花卉

纪艺艺

韩容

设计 *Design*

朱姝怡

李博文

第三章 动物装饰造型设计

动物装饰造型设计（高二年级开设）

学习目标

1. 了解动物的形象、运动、习性三大特征。
2. 学会动物的夸张与变形。
3. 掌握装饰图案的色彩规律及制作方法。

学法指导

简化、概括、夸张出动物造型的结构特征，讲授、示范及多媒体课件展示。

学习过程

讲授辅导动物变化，设计制作黑白、彩色装饰图案。

1. 动物装饰造型的变化规律。
2. 动物装饰造型的表现。
3. 动物装饰造型设计的应用。

黑白动物装饰一幅，彩色动物装饰一幅。

评价标准

A：动物造型、结构准确生动，装饰语言运用熟练，画面富有表现力和感染力。

B：动物造型、结构较准确，装饰语言运用较为熟练，画面有一定的表现力。

C：动物造型、结构存在一定的问题，装饰语言运用较为生疏，画面表现力欠缺。

教学内容

动物装饰

一、动物的特征

1. 形态特征

- 飞禽——瘦而灵活。
- 家禽——胖而行动缓慢，走路摇摆。

- 走兽——食肉（有锋利的爪子，能躺能坐）、食草（无锋利的爪子，能躺不能坐）

2. 性格特征

- 食肉——攻击能力强，性格凶猛。
- 食草——攻击能力弱，性格温顺。

二、动物写生方法

1. 掌握动物特征形成的因素

A. 形态　　B. 动态　　C. 神态

2. 变化的角度：正面、侧面

3. 自然纹理的利用

三、动物装饰变化方法

1. 形象特征

2. 变繁就简

3. 影像效果

4. 动态概括

5. 象征寓意

四、装饰动物变化的过程

1. 简化

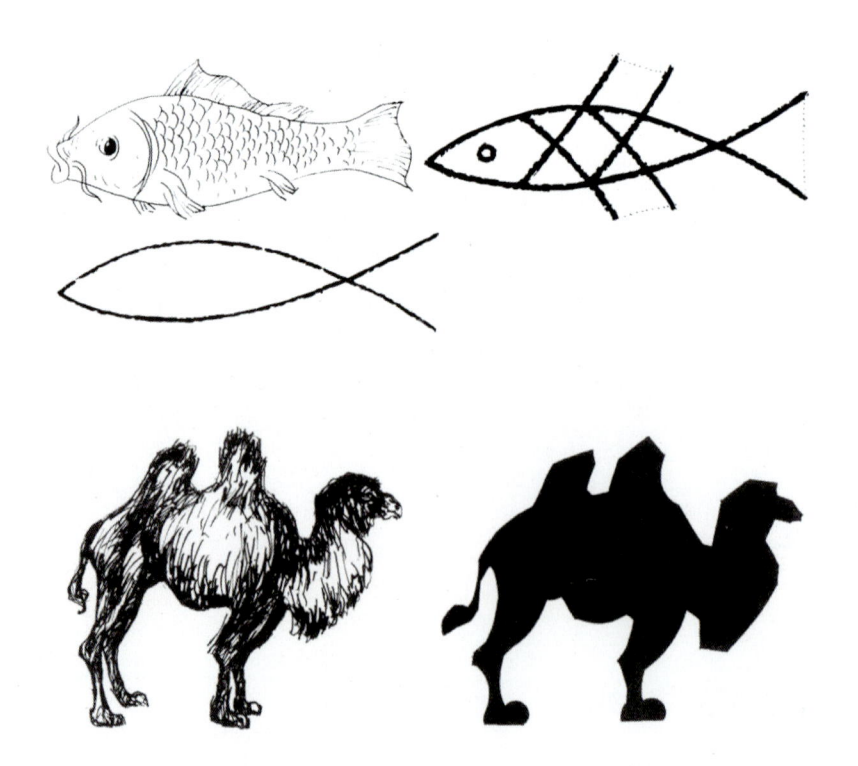

2. 夸张

A. 局部夸张

B. 整体夸张

3. 添加

A. 自然纹样的添加

B. 意象纹样的添加

C. 抽象纹样的添加

4. 动物变化的表现形式

A. 具象变化

B. 意象变化

C. 抽象变化

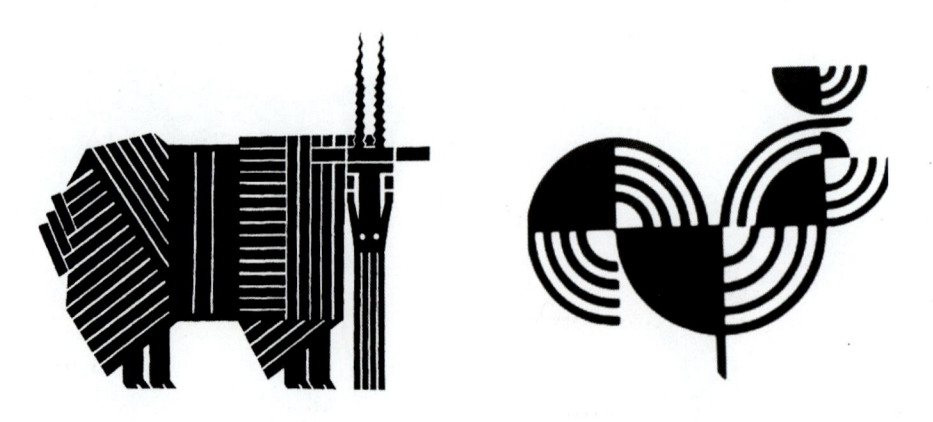

D. 卡通变化

5. 描绘手法

A. 点绘法

B. 线绘法

C. 影绘法

设计 Design

28

第三章 动物装饰造型设计

范例欣赏

刘小涵 　　　　　　　　　　　栾梦

徐林溪 　　　　　　　　　　　邹玉洁

29

设计 *Design*

栾梦 　　　　　　　　　谭晓雪

张任达 　　　　　　　　张任达

徐林溪 　　　　　　　　谭晓雪

30

第三章 动物装饰造型设计

王珂

杨鹏

王培楠

张晓兰

张晓兰

张娜

第四章 风景装饰造型设计

风景装饰造型设计（高二年级开设）

学习目标
1. 掌握装饰风景画的构图类型。
2. 依据形式美的法则，运用多种变形方法，使自然形态变为装饰形态。
3. 设计制作风景黑白、彩色装饰风景画。

学法指导
提炼、概括、美化各风景元素的造型，设计、组合出风景画的各类构图，讲授、示范及多媒体课件展示。

学习过程
讲授辅导风景的装饰变化，设计制作黑白、彩色装饰图案。
1. 风景装饰造型的变化规律。
2. 风景装饰造型的表现。
3. 风景装饰造型设计的应用。
黑白风景装饰一幅，彩色风景装饰一幅。

评价标准
A：风景造型、结构准确生动，装饰语言运用熟练，画面富有表现力和感染力。
B：风景造型、结构较准确，装饰语言运用较为熟练，画面有一定的表现力。
C：风景造型、结构存在一定的问题，装饰语言运用较为生疏，画面表现力欠缺。

风景装饰设计

教学目标
1. 通过对风景装饰的构图、构成要素、变形法则等的学习，让学生掌握风景装饰的形式美的规律，设计制作出具有一定视觉美感的风景装饰画。
2. 通过对色调构成、色彩的对比关系、色彩情感的学习，掌握色彩配置的艺术规律，培养良好而敏锐的色彩感觉，提高配色的设计创造力。

第四章 风景装饰造型设计

教学重点

风景装饰的构图、构成要素、变形法则、黑白表现技法。
色彩的对比关系、色调构成方法。

教学难点

风景装饰的构图、变形法则、色调构成方法。

教学方法

讲授法、合作交流、自主探究法。

教学手段与教具

讲授、图示、多媒体、草图分析与讲评。

教学内容

装饰风景

一、装饰风景的分类

1. 自然风景的特点。
2. 人造景观的特点。

二、装饰风景变形的基本法则

1. 结构变形
2. 简化变化
3. 夸张变形
4. 装饰变化

三、装饰风景的构图

1. 垂直线构图
2. 水平线构图
3. 对角线构图
4. 三角形构图
5. S 线构图
6. 俯视构图
7. 分解组合构图

四、构成装饰画面的主要因素

1. 画面的色调：

A. 浅色调

B. 灰色调

C. 重色调

2. 画面黑、白、灰的关系

3. 画面的平衡关系

五、装饰中形式美的对比手法

1. 大小对比

2. 形状对比

3. 曲直对比

4. 面积对比

5. 疏密对比

6. 明暗对比

7. 肌理对比

六、黑白表现技法

1. 以点为主的表现

2. 以线为主的表现

3. 以面为主的表现

4. 点线面的综合表现

七、特殊效果

1. 剪纸风格

2. 毛边效果

3. 拓印手法

八、随堂练习及命题设计

1. 根据老师的示范图，随堂完成一张简单的风景黑白装饰。

2. 风景装饰画设计两幅，兼具城市和乡村的不同风格。

九、作业讲评

针对学生构思、造型变化、表现手法中易出现的问题进行点评。

设计 Design

36

第四章 风景装饰造型设计

设计 *Design*

第四章 风景装饰造型设计

刘源　　　　　　　　　　　徐纯晖

设计 Design

张雯

王翔 王翔

刘康平

第五章 人物装饰造型设计

人物装饰造型设计（高二年级开设）

学习目标
1. 学习写实变化与写意变化、具象变化与抽象变化的风格特点，对人物造型进行装饰变化。
2. 融合西方与东方、传统与现代的人物造型特点，设计生动鲜活的装饰人物造型。
3. 掌握和运用装饰色彩的规律，增强作品的装饰感与表现力。
4. 进行人物黑白、彩色装饰图案的设计与制作。

学法指导
夸张、美化人物的造型，设计出风格各异的人物造型，讲授、示范及多媒体课件展示

学习过程
进行装饰人物造型的黑白、彩色设计与制作。
1. 人物装饰造型的变化规律。
2. 人物装饰造型的表现。
3. 人物装饰造型设计的应用。
黑白人物装饰一幅，彩色人物装饰一幅。

评价标准
A：人物造型、结构准确生动，装饰语言运用熟练，画面富有表现力和感染力。
B：人物造型、结构较准确，装饰语言运用较为熟练，画面有一定的表现力。
C：人物造型、结构存在一定的问题，装饰语言运用较为生疏，画面表现力欠缺。

教学内容

人物装饰

一、人物造型的形态特征
外部——结构、比例、表型。
生理——男女、老幼，年龄不同，生理机能也不同。

结构——对称。

比例——人身体各部分都有一定的比例。

表型——肤色、目色、发色、面部特征、体格等。

二、人物装饰造型的变化

1. 造型设计的角度

A. 形体：借助健美、协调的形体美来夸张变型。

B. 动态：动作与生活密切相关，是人们情感的表达和流露。

C. 服饰：服饰的装饰变化，丰富多彩，是装饰图案极好的表现素材。

2. 造型变化规律

A. 提炼

・外形提炼

・光影提炼

・线提炼

・秩序整理

B. 夸张

・局部夸张

・整体夸张

・拉长

・压扁

・透视夸张

・适形夸张

三、人物装饰变化的表现风格

1. 具象风格

2. 意象风格

3. 抽象风格

4. 卡通风格

四、人物装饰的表现手法

1. 对比（大小、方圆、曲直、疏密、粗细、黑白、冷暖等）

2. 组合形式

A. 主与次

B. 分解重组

C. 重复、重叠

D. 与环境结合

3. 添加

A. 自然纹样的添加

B. 意象纹样的添加

C. 抽象纹样的添加

4. 手绘表现技法

A. 以点为主的表现

B. 以线为主的表现

C. 以面为主的表现

D. 点线面的综合表现

王鑫　　　　　　　　　徐林溪

设计 Design

张新喆

第五章 人物装饰造型设计

杨婷婷

孙滨漪

柴心怡（高二）指导 巩海燕

刘梦瑶（高三）指导 巩海燕

设计 Design

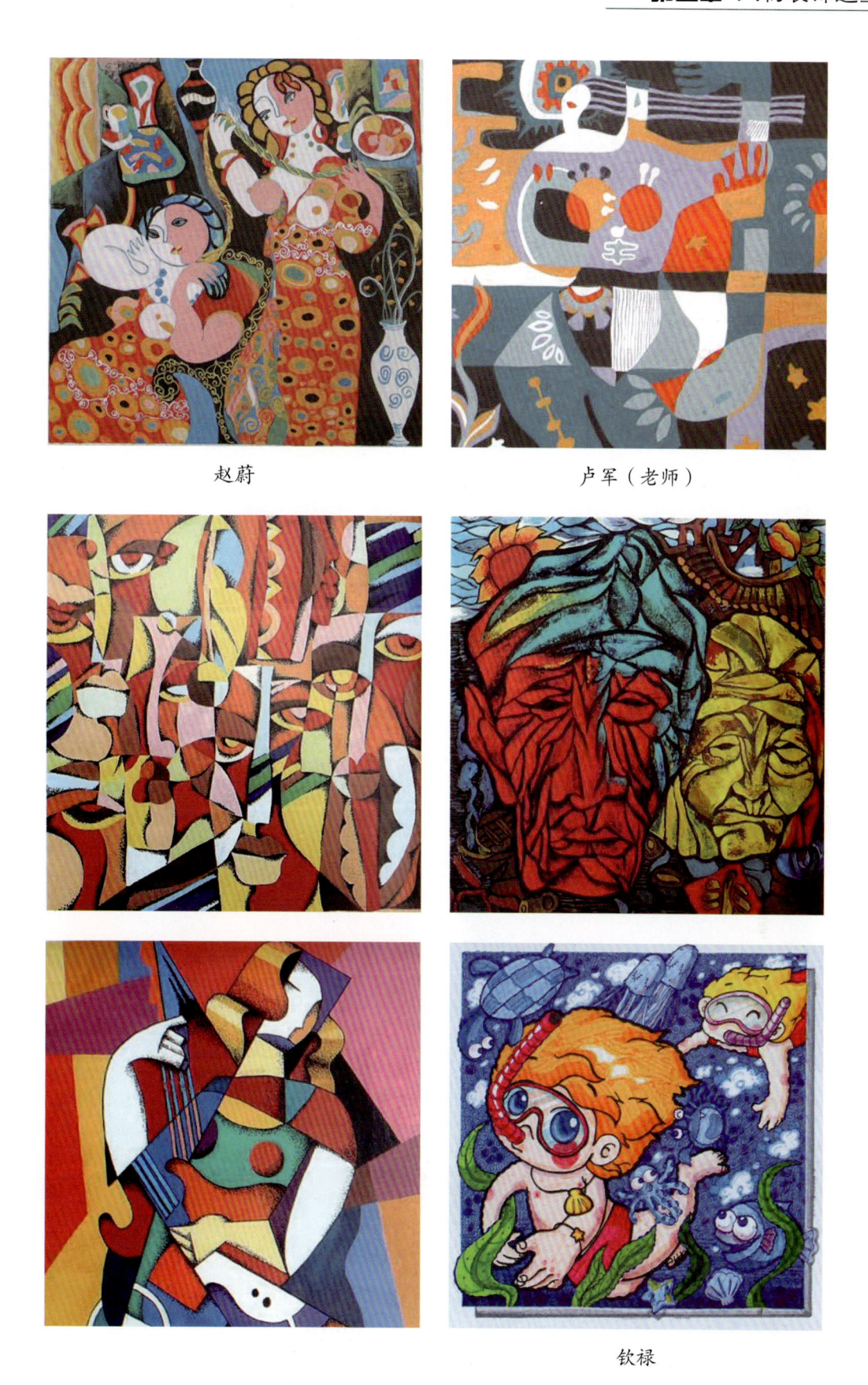

第五章 人物装饰造型设计

赵蔚　　　　　　　　　卢军（老师）

钦禄

47

第六章 图形创意设计

图形创意设计（高三年级开设）

学习目标
1. 了解现代图形创意设计的意义及应用的广泛性，激发学生学习的积极性。
2. 通过应用性的作业让学生体会到设计的趣味性和成功感，培养学生的创意思维能力。

学法指导
发散思维与聚拢思维的学习运用，讲授、示范、辅导、多媒体课件。

方形、圆形、三角形发散联想，特定形态联想，命题创意联想。

学习过程
1. 图形设计的发展、演变；
2. 创意图形的特点；
3. 图形创意设计的思维方法；
4. 创意图形设计的表现形式；
5. 创意图形的设计应用；
6. 创意图形的手绘技法表现。

评价标准
A：图形设计准确生动，图形语言运用熟练，画面富有表现力和感染力。
B：图形设计较准确，图形语言运用较为熟练，画面有一定的表现力。
C：图形设计存在一定的问题，图形语言运用较为生疏，画面表现力欠缺。

图形创意设计课程实施

教学目标
1. 培养学生的创意思维能力。
2. 针对美术校考设计考试的特点、进行有目的、有方向的平面图形创意设计训练。
3. 结合学生生活进行创意海报设计。

教学重点

图形创意设计的特点、作用、意义、表现形式及表达手法。

教学难点

图形创意表现形式与图形意义、内涵的完美结合。

教学方法

讲授、图示、多媒体、草图分析与讲评。

教学过程

图形创意设计

一、图形的发展简况

第一阶段，远古时期人类的形象记事性原始图画。

第二阶段，一部分图画式符号演变而形成文字。

第三阶段，文字产生后带来的图形的发展。

二、图形创意的概念

"创"即"创造"、"独创"，"意"即"主意"、"意念"等，在图形设计中，"创意"是一种想象，一种无止境的联想。

三、图形设计的基本概念

图形起源于人类文明初期的基本视觉符号，并以图形为基础诞生了文字和绘画。

现代图形是介于文字和绘画艺术之间的视觉语言形式。

图形是说明性的图画形象。

图形不是客观存在的，是我们根据客观事物而主观形成的由外部轮廓线条构成的矢量图。

图形是传播信息的视觉形式。

图形作为一种视觉符号，具有符号的两个基本属性：

符号形式——即视觉表现状态、形状、色彩等。

象征意义——即内涵，心理情感意义和价值等。

四、现代创意图形的基本特征

1. 奇特性——个性化。
2. 单纯化——视觉效果，传达思想明确清晰。

3. 审美性——激发审美情感，辅助传达。

4. 象征性——是图形的基本属性。

5. 传达性——以形状表述思想。

五、图形创意设计的原则

1. 用图形说话。

2. 图形语言通俗化。

3. 简练，有特征，易记忆。

4. 强烈，富有广告性，有吸引力。

5. 原创性。

六、图形创意设计的思维过程

1. 联想

寻找素材——把图形主题与各种相关的形象联系起来。

A. 相似性联想

B. 连带性联想

2. 想象

处理素材——把各种形象素材揉和起来以产生新的形象。

A. 再造想象——根据语言文字或图形的启示，对已有素材进行重新组合、建构，再造出相应的新形象的过程。

B. 创造想象——根据一定的目的、任务，对素材进行深入挖掘后，通过组合、融合，创造出全新形象的过程。

七、图形创意设计的表现形式

同构的概念——探寻不同形象素材间适于整合的共性，即同构，创造新的形象和图形语言

1. 轮廓线同构——重像组合

2. 正负形同构——图地转换

3. 影变同构——影异图形

4. 换置同构——替代同构

5. 异变同构——渐变图形

6. 混维图形

7. 矛盾空间

八、图形设计的表现技法

1. 黑白表现——点、线、面的综合运用（肌理、质感等）。

2. 色彩表现——水粉、水彩、彩铅。

3. 快速表现——马克笔：水性、酒精、油性的特点及笔法运用。

九、随堂练习及命题设计

1. 三元素的创意联想。

2. 学习用具及生活用品的创意设计。

3. 创意海报设计。

十、作业讲评：针对学生构思、表现中易出现的问题进行点评

万蕾

杨梦雅

设计 *Design*

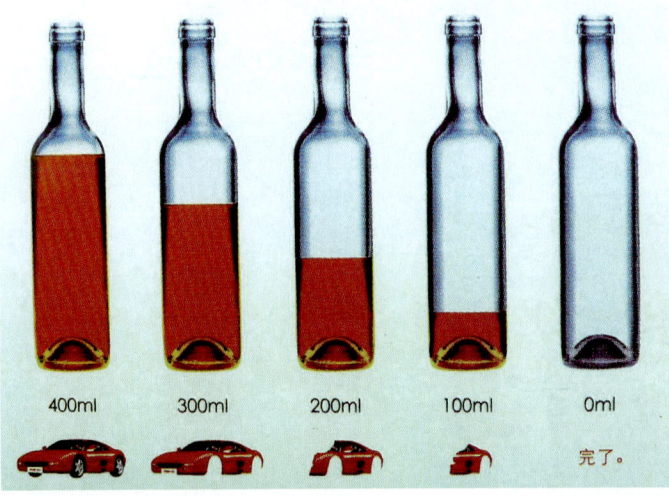

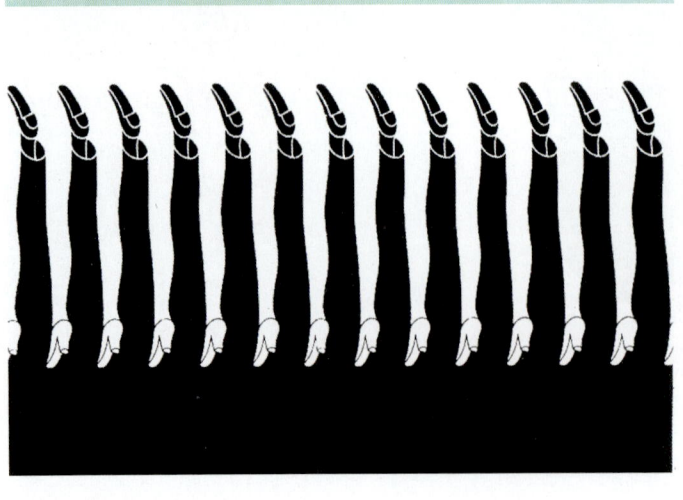

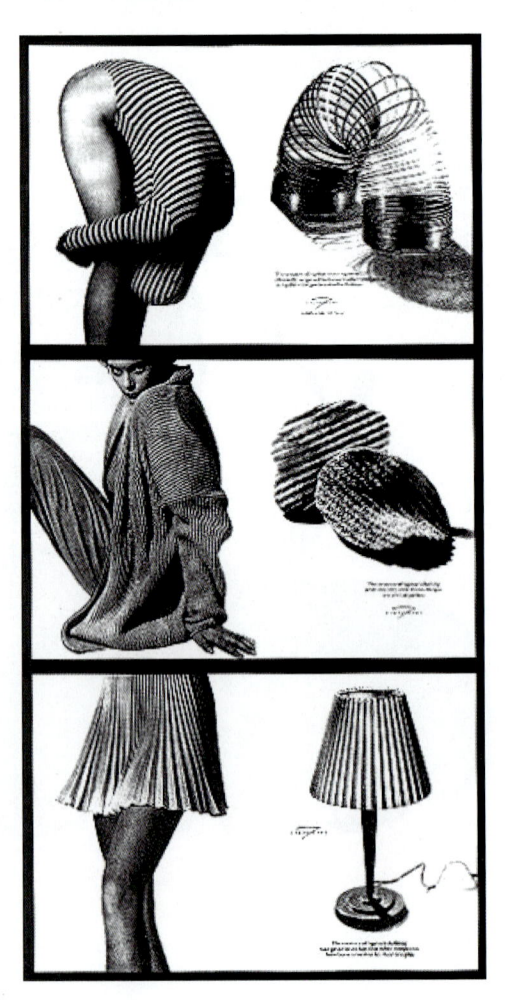

第六章 图形创意设计

设计 *Design*

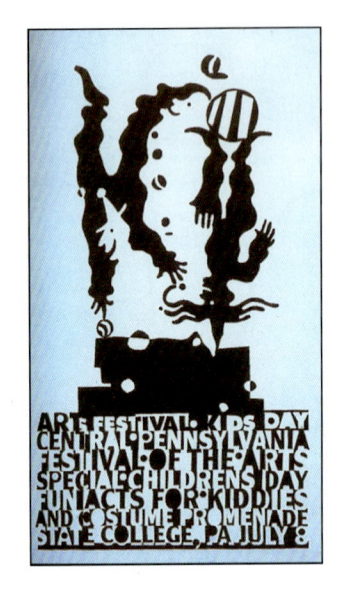

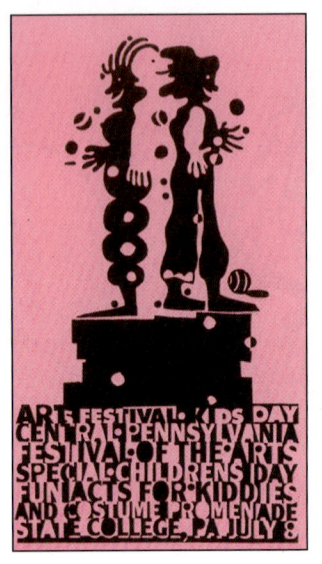

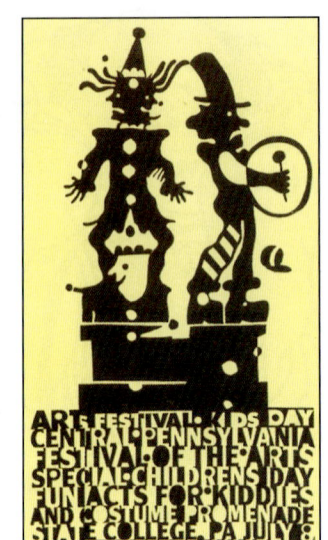

第六章 图形创意设计

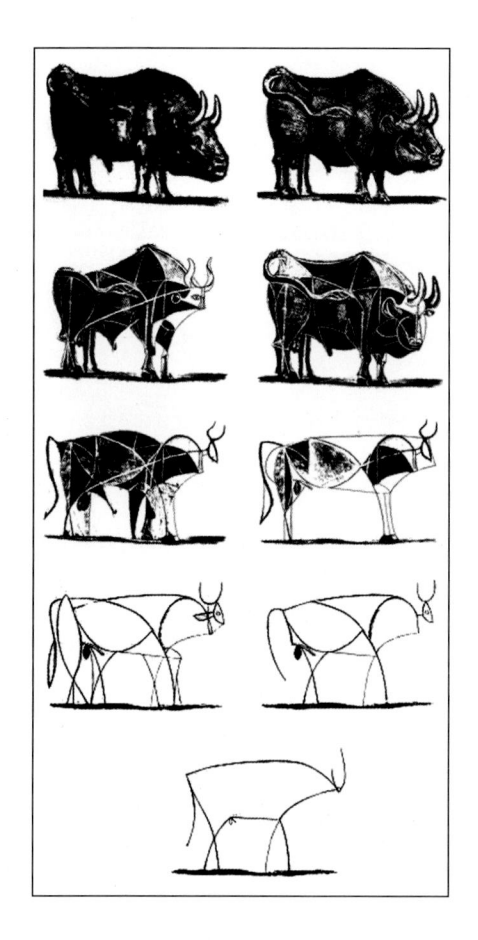

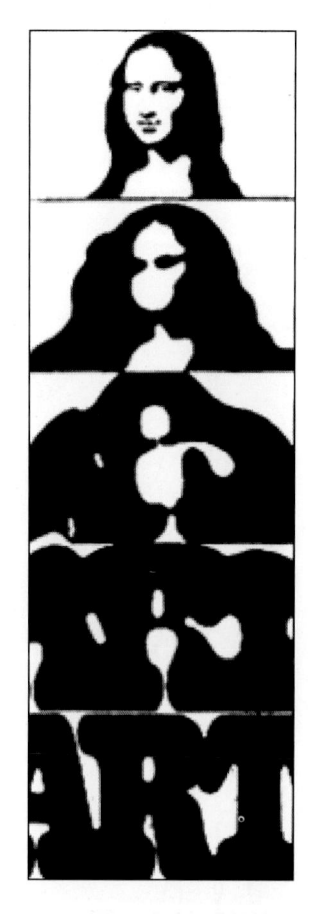

设计 *Design*

第六章 图形创意设计

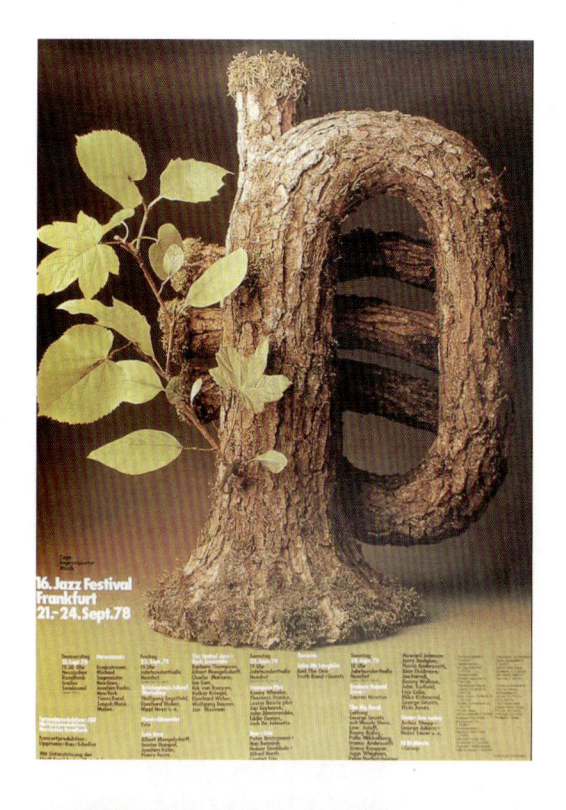

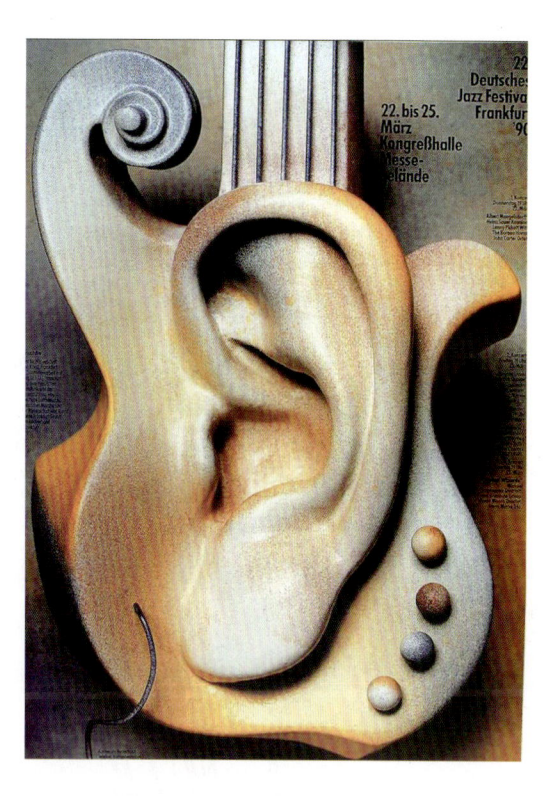

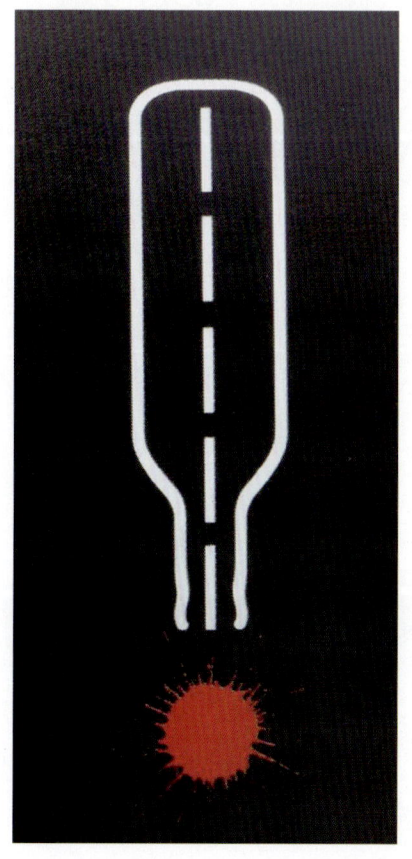

57

设计 *Design*

作品赏析

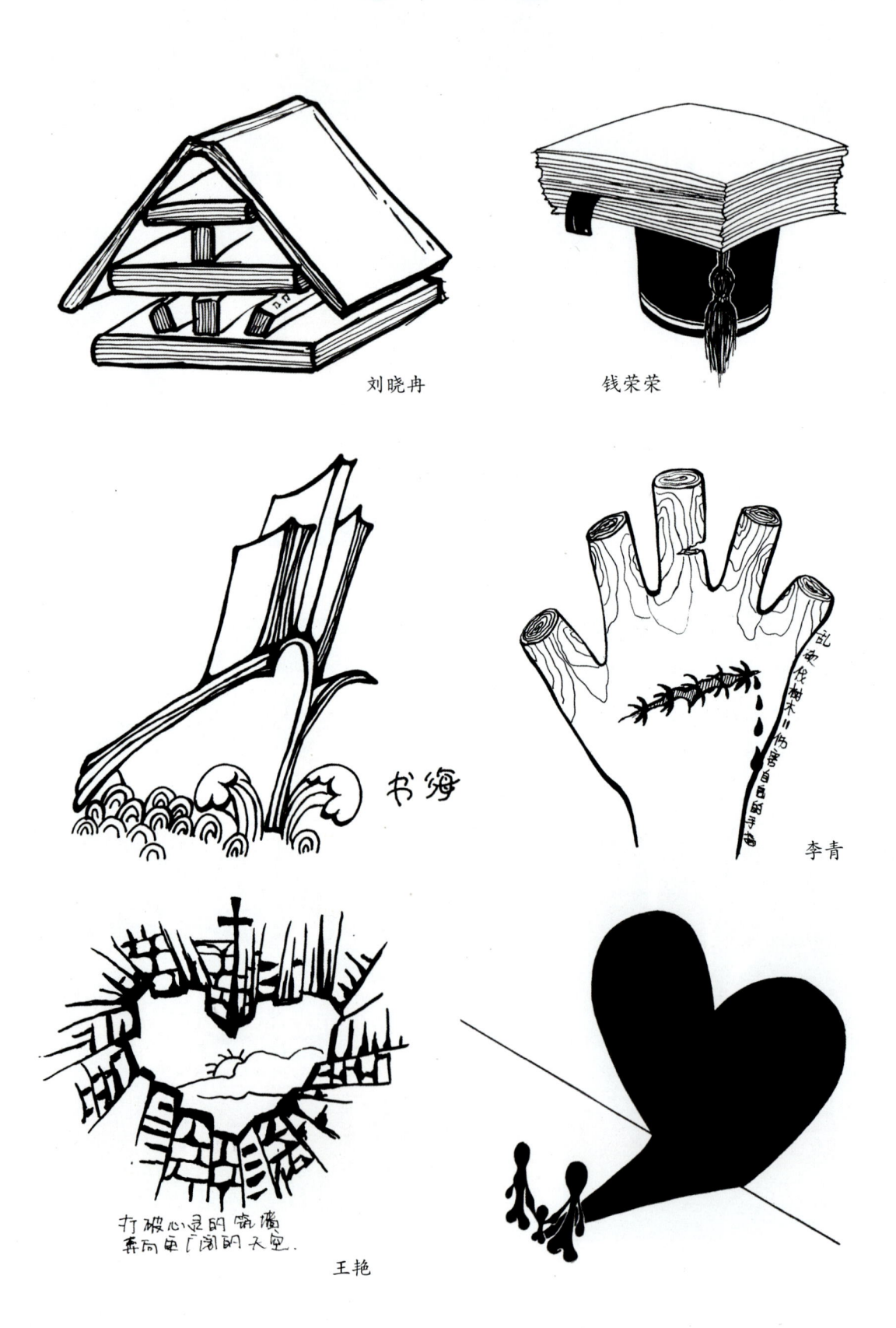

刘晓冉

钱荣荣

书海

李青

打破心灵的窗户
奔向更广阔的天空.

王艳

58

第六章 图形创意设计

施文涛

王天晓

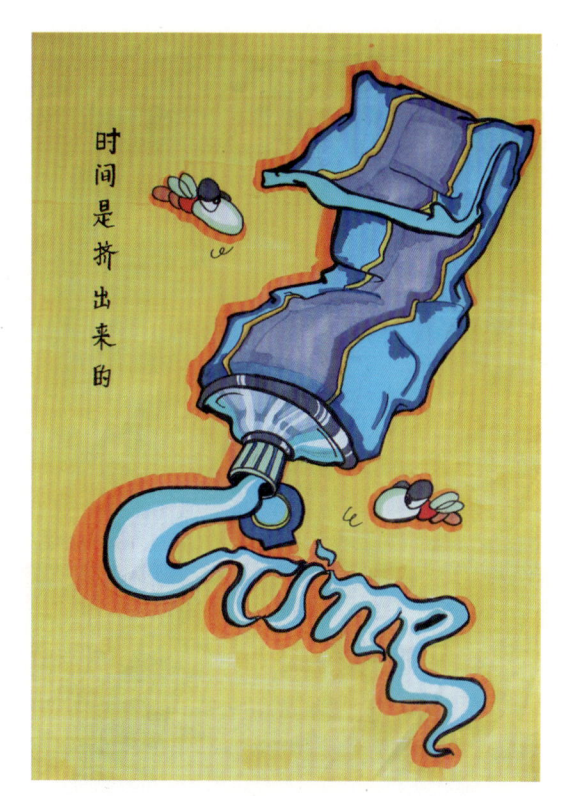

杨梦雅

59

设计 *Design*

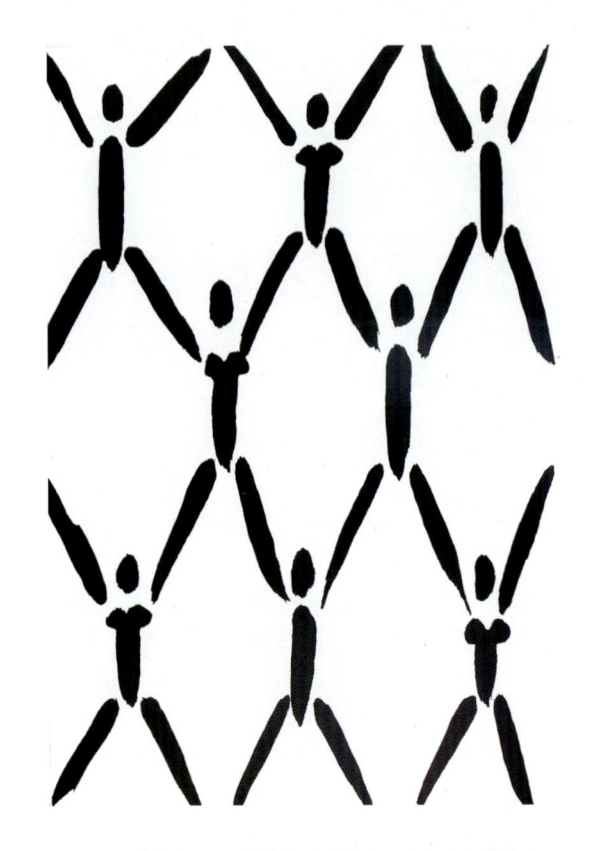

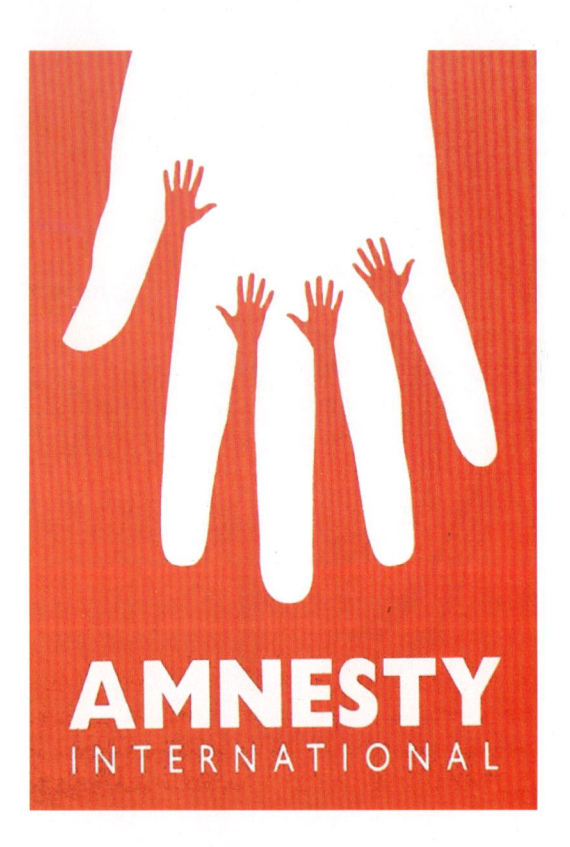

第七章 设计艺术中的点线面

设计艺术中的点线面（高一年级开设）

学习目标
1. 了解设计艺术中点线面的基本特征及视觉效果。
2. 掌握点线面的组合规律，设计出具有形式美感的点线面构成作品。

学法指导
发散联想、讲授、范图、辅导、多媒体课件。

学习过程
1. 概述点线面。
2. 点在设计中的运用。
3. 点线面的视觉特征。
4. 点线面在设计中的表现。
5. 点线面的设计练习。

评价标准
A：设计作品美观、新颖，设计语言运用熟练，画面富有表现力和感染力。
B：设计作品美观、新颖，设计语言运用较熟练，画面富有一定的表现力。
C：设计作品有一定问题，设计语言运用较生疏，画面表现力欠佳。

设计 Design

概述点线面

视觉艺术中有各种各样的形态，不管是自然形态还是几何形态，无论是抽象造型还是具象造型，都是点线面等最基本的要素构成，在绘画和设计的世界里点、线、面更是造型之本、创意之源。分析设计中的点、线、面等基本要素及其相互的关系，通过简要、通俗的分析，讲解点、线、面特点和视觉效果，将学生由浅入深、由表及里的引入到点、线、面的世界。

从抽象概念到具体表现的过程，其实既是思维方式的转变、设计意识的提高，又是创新能力的体现，同时为后面"设计"课程的进一步延伸奠定了良好的基础。生活中我们所接触的"视觉传达"、"工业产品"、"环境艺术"等作品无一不体现着点、线、面的独特魅力。

"点"是最小的粒子，也是最大的宇宙。太阳在我们眼中是一个伟大的点，地球在星空中是一个蓝色的点。从几何学角度来看，"点"是最简洁的形态，"点"的视觉语言可以表现出诗一样的意境，以最简洁的语言去叙说最大容量的的内涵。所以，点是视觉造型、设计语言的出发点。

"线"是点的移动轨迹。"线"是永远运动着的，艺术家克利说他要带着一根线去散步，就是描述给人们一种"线"的精神状态。其中，直线又是线中最简洁的，直线中的水平线和垂直线分别代表着不同的视觉语意。水平线让人联想到宽广平和的地平线，垂直线让人感觉到高度和深度，具有阳刚之美，多动圆滑的曲线优美而抒情，如S形曲线是最美的曲线之一，折线则有紧张感和对立性，如果从乐器的音调来听，小提琴奏出的是细线旋律，大提琴奏出的是较粗的线条感。当线的起点和终点碰撞汇合在一起时，"线"就消失成为面。

"面"是点的放大，线的扫描。面的变化千姿百态，或如潮起潮落的大海般舒展、优雅，或如高山峻岭般阳刚、理性。自由形的面有随意、柔软、流动之美；几何形的面简洁、明确、有序，其中，最和谐完美的形是圆，最庄重包容的是方，最稳定和最不稳定的是三角。当面移动起来时，就会体现立体空间的造型，面和体有着密不可分的关系，体的内、外、虚、实皆依赖于面的存在。

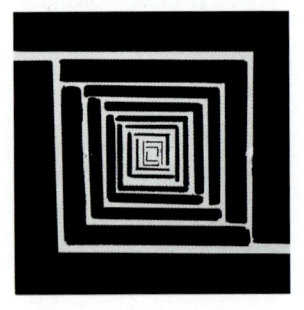

第七章 设计艺术中的点线面

自然界和生活中的点、线、面

设计 *Design*

第七章 设计艺术中的点线面

绘画作品中的点、线、面

设计 Design

点、线、面在设计中的运用

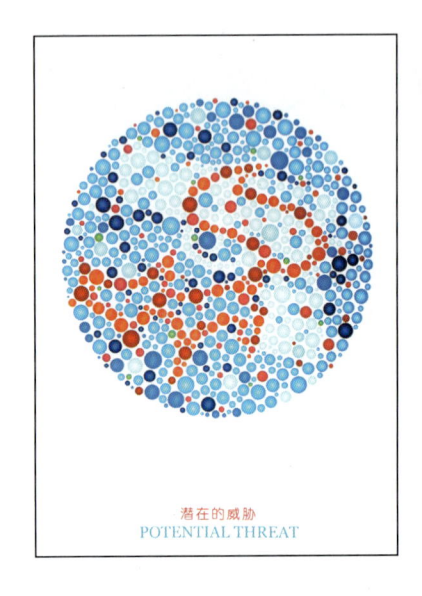

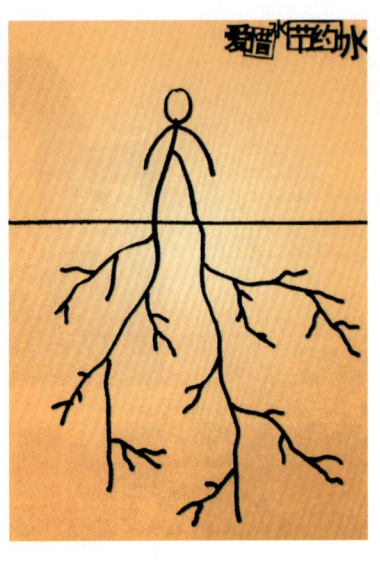

第七章 设计艺术中的点线面

设计 Design

点线面的基本特征

视觉设计中有各种各样的形态，不管是自然形态还是几何形态，无论是抽象造型还是具象造型，都是由点、线、面这些最基本的元素构成。

点：是最小的设计元素，有大小、有形状。

线：线有方向、长短、曲直、宽窄。

面：面有形状、曲直、厚度，面的围合可以形成体。

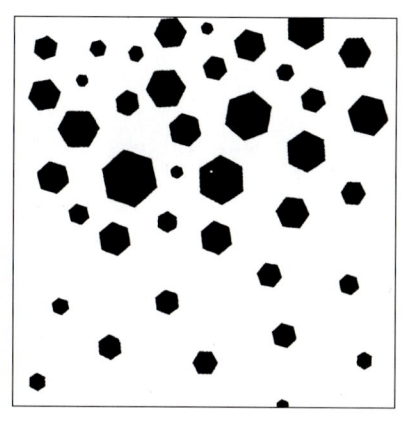

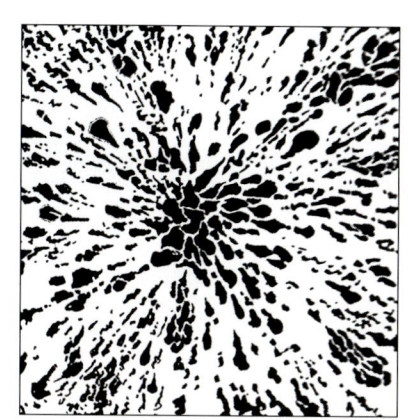

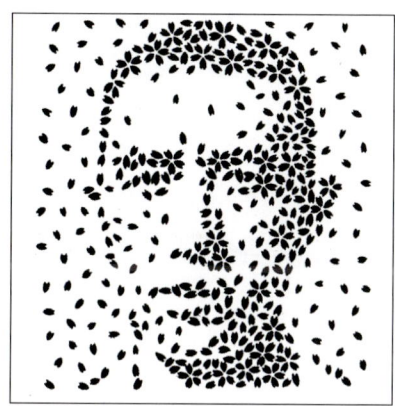

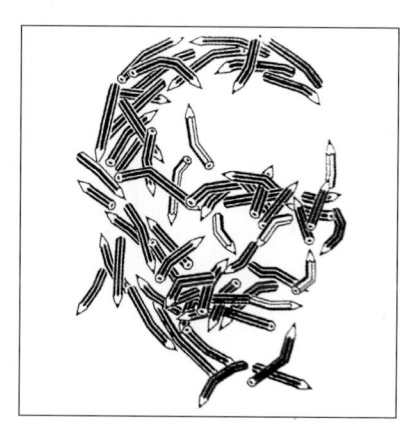

第七章 设计艺术中的点线面

设计 Design

第七章 设计艺术中的点线面

点的特点：点有大小、形状、体积

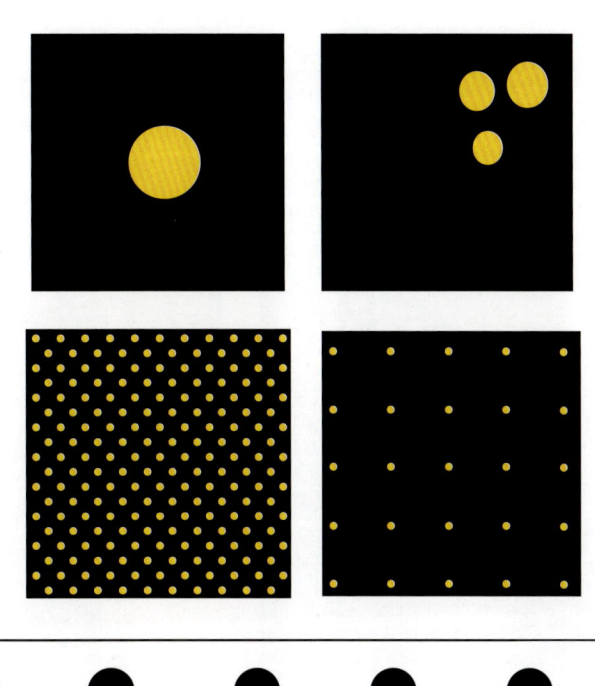

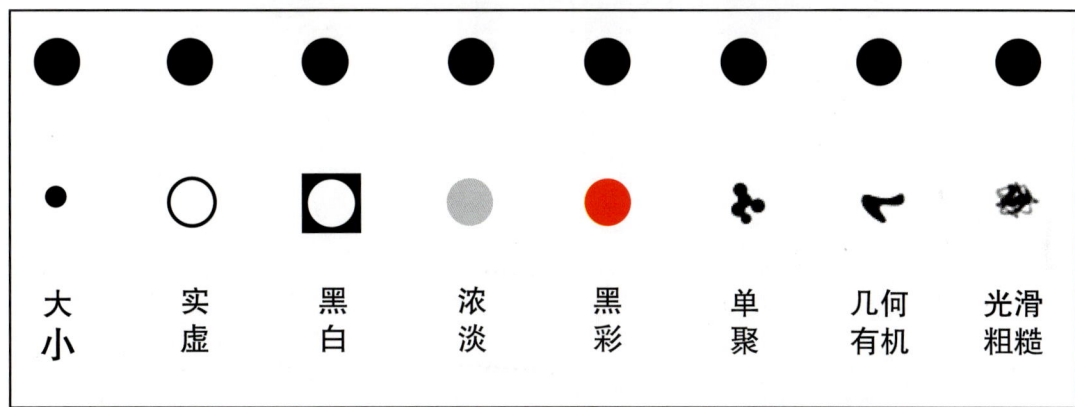

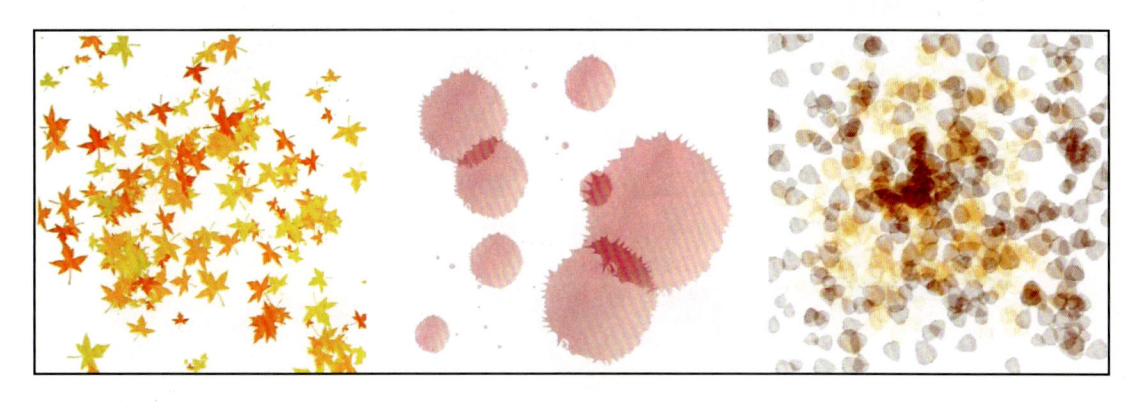

| 大小 | 实虚 | 黑白 | 浓淡 | 黑彩 | 单聚 | 几何有机 | 光滑粗糙 |

设计 Design

点在设计中的表现

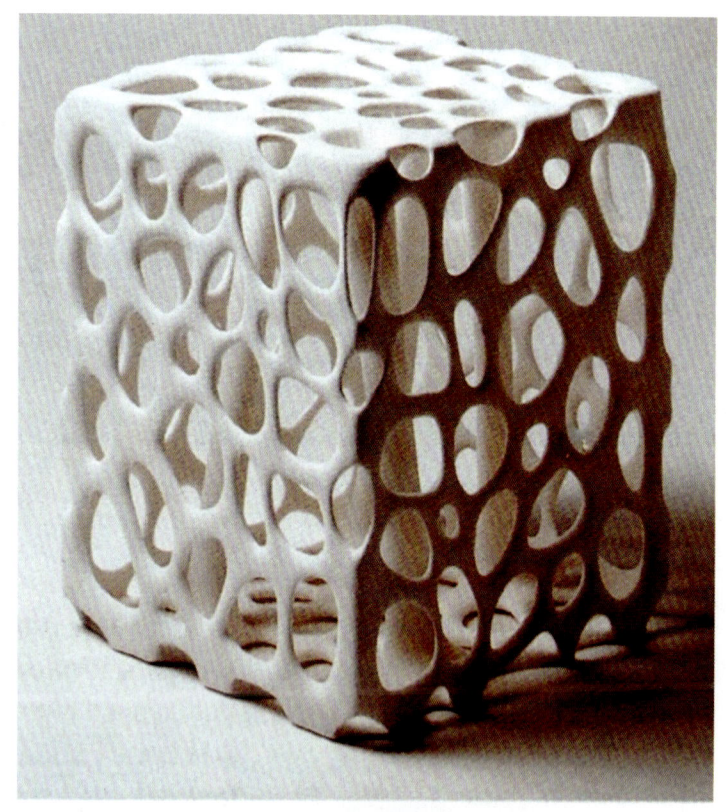

第七章 设计艺术中的点线面

73

设计 Design

线的特点：线有曲直、长短、粗细

第七章 设计艺术中的点线面

线在设计中的表现

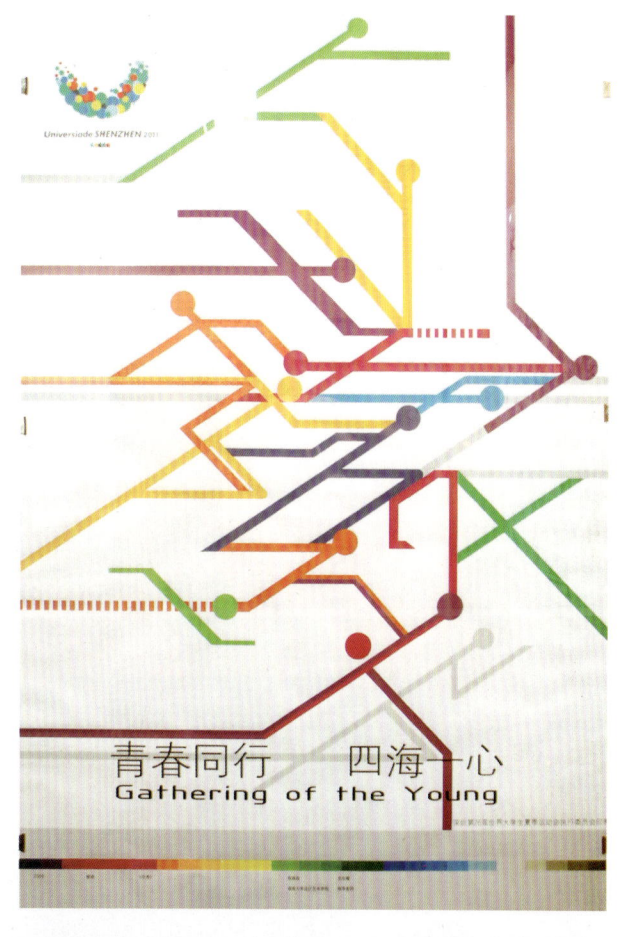

设计 *Design*

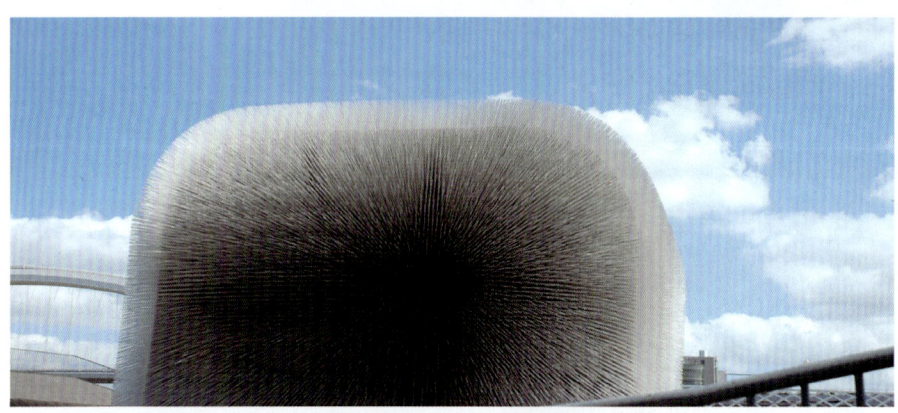

76

第七章 设计艺术中的点线面

面的特点：面有形状、凹凸、厚薄

线围合形成图

点的密集形成面

点放大形成面

线的移动形成面

设计 Design

面在设计中的表现

第七章 设计艺术中的点线面

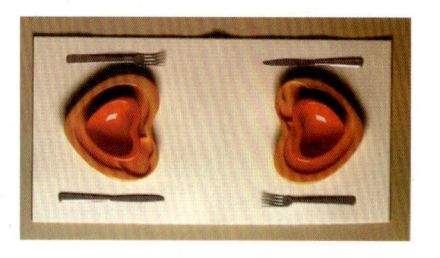

79

设计 Design

随堂课题练习

分组进行设计交流活动：（3~5人共同完成一件作品）

1. 小组设计主题：A.伞的图形设计　B.T恤图案设计　C.鞋的图形设计

充分体现点、线、面每种元素的特性

（以小组为单位共同制定设计方案，共同参与完成）

2. 独立设计活动：（每人完成一件作品）

纸杯或T恤衫图案设计

三种元素可综合运用，也可单独使用

表现工具及材料：（老师准备、学生自备）

彩铅、油画棒、马克笔、彩纸、线绳、布料等各种易用材质。

小结

生活中我们所接触的"视觉传达"、"工业产品"、"环境艺术"等设计作品许多都体现着点、线、面设计元素的独特魅力。掌握、运用好这些元素必将给我们的生活带来更美的艺术感受。

课后拓展

1. 选择你喜欢的设计类型、设计作品，结合所学内容进行作品分析。
2. 运用点线面等的设计元素，设计平面或立体作品一件。

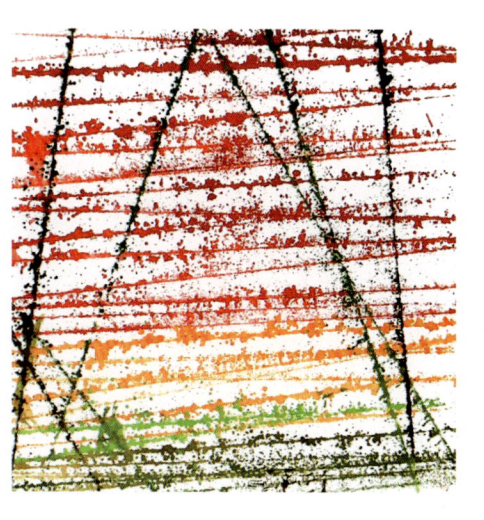

第八章 色彩构成

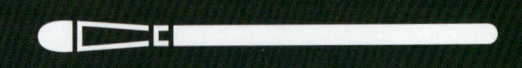

色彩构成设计（高三年级开设）

学习目标

1. 了解色彩构成基本要素及组合规律。

2. 掌握色彩匹配原则，合理运用色彩关系，设计出和谐色、理性、美观的色彩设计作品。

学法指导

比较法、色彩联想、讲授、范图、多媒体课件。

学习过程

1. 色彩三要素。

2. 色彩对比关系。

3. 色调的构成。

4. 情感色彩构成。

5. 色调联系，情感表达。

评价标准

1. 色调设计协调，色彩语言运用熟练，画面富有表现力和感染力

2. 色调设计较协调，色彩语言运用较熟练，画面富有一定的表现力

3. 色调设计有一定问题，色彩语言运用较生疏，画面表现力欠佳

第八章 色彩构成

色彩构成

一、色彩三要素

1. 色相 2. 明度 3. 纯度

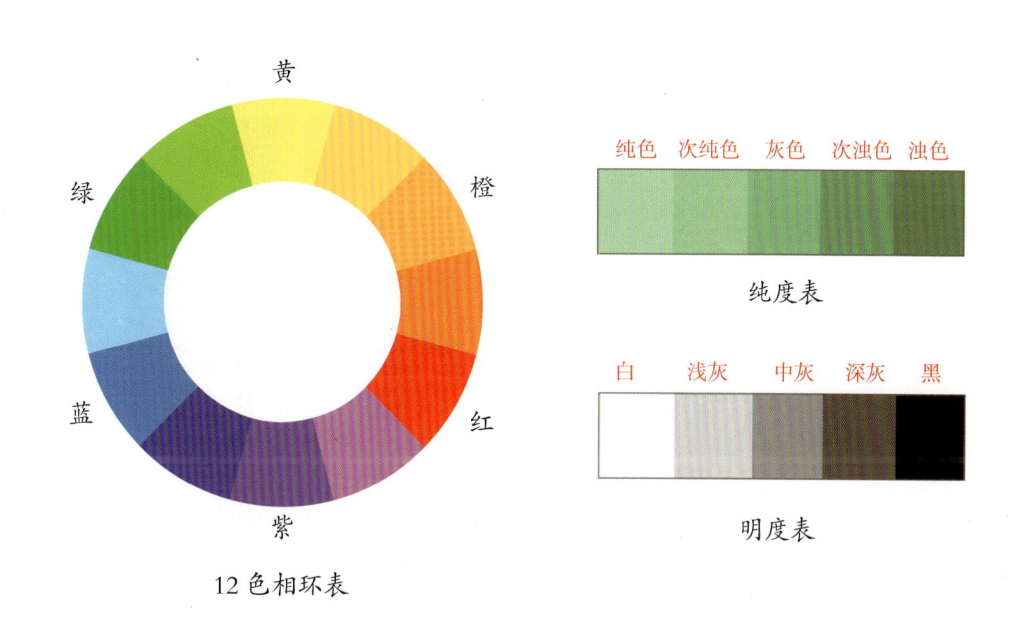

12色相环表

纯度表

明度表

二、色彩的对比关系

1. 色相对比

不同的色相因为明度、纯度等本质上的差别，对比的强弱关系也因色而异。

强　　　　　　　　　中　　　　　　　　　弱

2. 明度对比

黑与白的明度对比

各色相的明度对比

提高明度采取加入一定比例的门色或亮色的方法，而降低明度则调以黑色或普兰、深红、熟褐等深色。

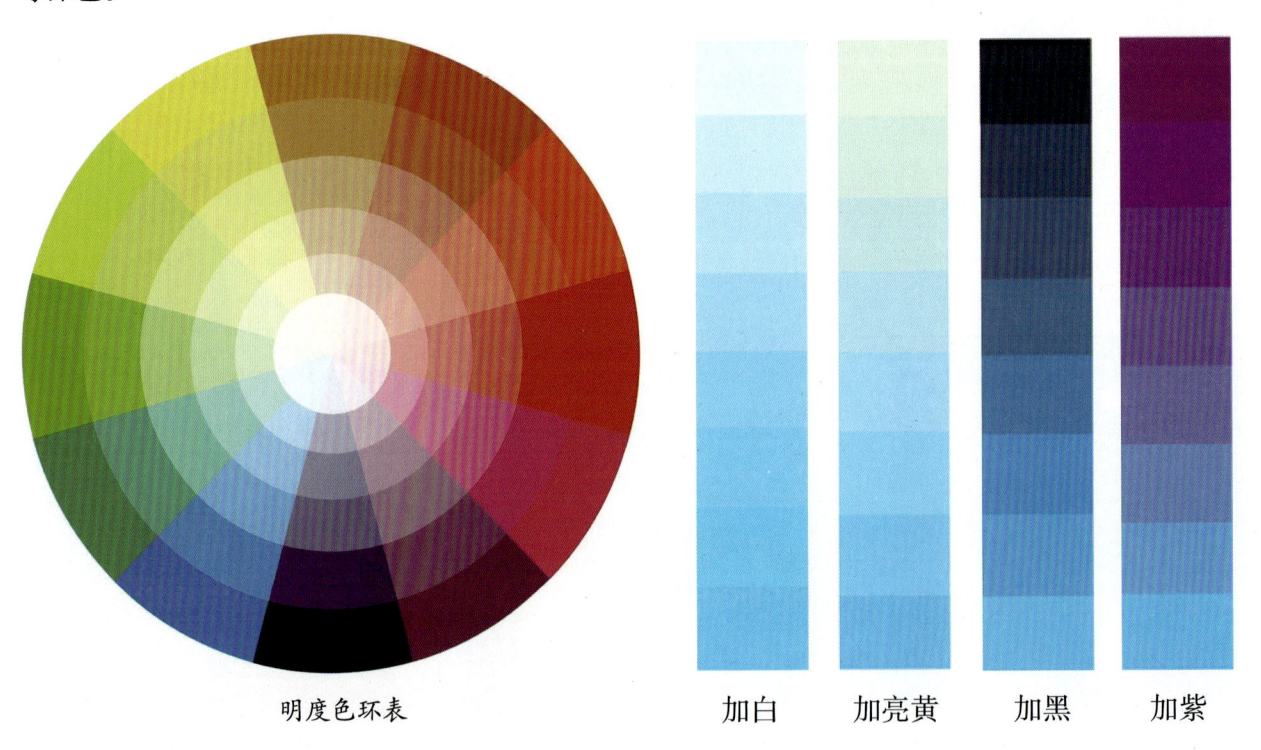

明度色环表　　　加白　加亮黄　加黑　加紫

3. 纯度对比

纯度表1

纯度表2

任何一种经过调和的色彩纯度都会相应减弱，调和次数越多纯度越低。

4. 补色对比

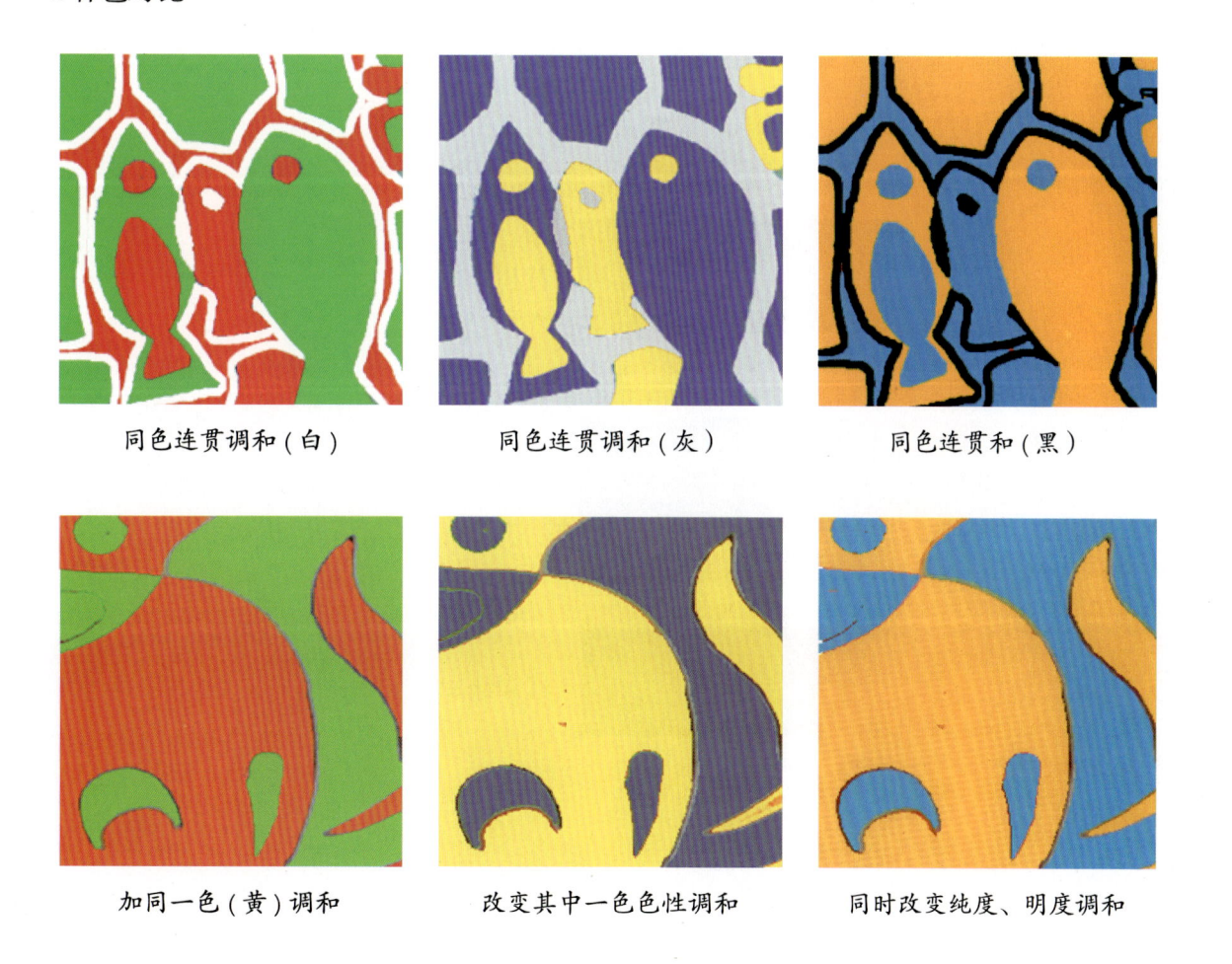

同色连贯调和（白）

同色连贯调和（灰）

同色连贯和（黑）

加同一色（黄）调和

改变其中一色色性调和

同时改变纯度、明度调和

5. 冷暖对比

以冷色调中加入一定比例的暖色能起到平衡画面过于冷酷的对比效应

在暖色调中减少冷色面积，能起到平衡暖色过多形成的画面燥火对比

6. 面积对比

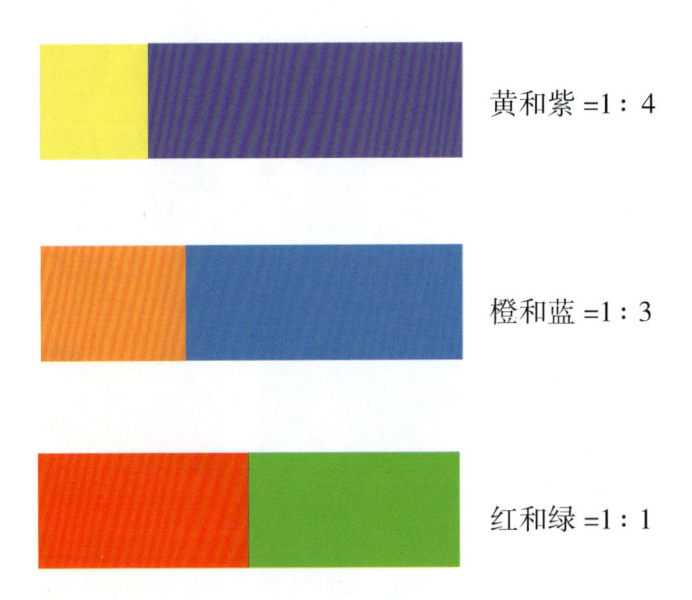

黄和紫 =1：4

橙和蓝 =1：3

红和绿 =1：1

三、色调的构成

1. 色相关系：同类调、邻近调、对比调、互补调。

• 同类色调：是色轮中相距 60° 的色相匹配所成的色调。

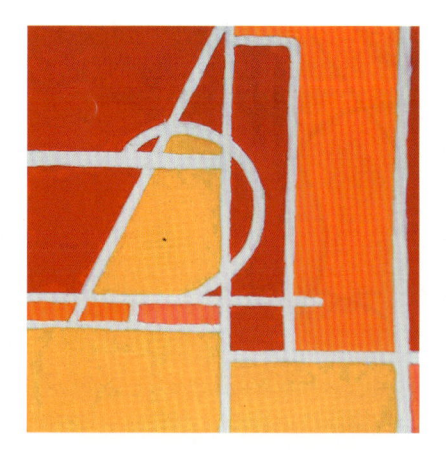

• 邻近色调：是色轮中相距 90° 的色相匹配所成的色调。

• 对比色调：是色轮中相距 120° 的色相匹配所成的色调。

●互补色调：是色轮中相距180°的色相匹配所成的色调。

作业练习：

（1）邻近色调和互补色调的练习。

要求：8K纸两幅，色调各一，画幅15×20CM。

2.纯度关系：纯调、次纯调、灰调、次浊调、浊调。

纯色　次纯色　灰色　次浊色　浊色

纯度表

• 纯色：如大红、柠檬黄、翠绿、群青等，用多了会刺激、不安。

• 次纯色：少量加白的纯色和略加调和的变灰的颜色，粉绿、钴蓝、淡黄等。

• 灰色：不艳不浊、微妙丰富，画面中可用较大比例（2/3），如土黄、土红、土绿、赭石，以及接近这些色彩面貌的颜色。

• 次浊色：如熟褐之类较污浊的颜色，画面中可少量运用，使画面丰富并反衬其他色的纯净。

• 浊色：指黑、墨绿或调配出的污浊颜色，谨慎而少量地运用借以反衬其他颜色的鲜艳。

纯色

次纯色

灰

浊色

3. 明度关系：高调、浅灰色、中灰色、浅灰色、黑调。

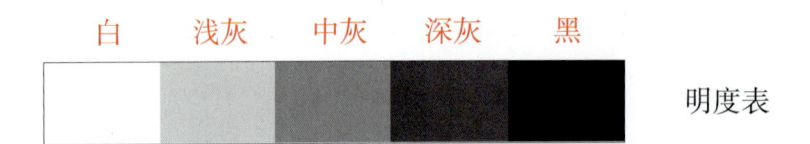

白　　浅灰　　中灰　　深灰　　黑　　明度表

- 高调（白、浅灰）：明快、轻盈、柔弱、单薄，因过量而色彩感不强。
- 中调（中灰）：柔和、含蓄、沉着、优雅，色彩感强。
- 低调（深灰、黑）：厚重、昏暗、沉闷的特点，色彩感不强。特点：色彩感不强。

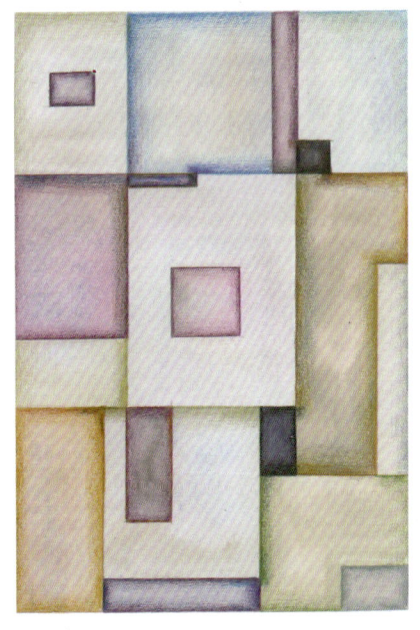

高调　　　　　　　　　　灰调　　　　　　　　　　中调

4. 面积关系：主色、辅色、点缀色。

5. 位置关系：接临、隔临、远邻。

- 以色相关系确定色调是确定性的因素，像纯度、明度、面积、位置等则是辅助性因素。色环表中以暖色系为主进行运用和设计形成暖色调，以冷色系为主则形成冷色调。
- 色调的冷暖直接表达不同的画面意境，反映个人的情感。

作业练习

- 冷、暖色调的练习。

要求：8K 纸两幅，冷暖色调各一，画幅 15CM×20CM。

四、情感色彩构成

各种色彩都有其独特的性格，简称色性。它们与人类的色彩生理、心理体验相联系，从而使客观存在的色彩仿佛有了复杂的性格。

（1）红色——温暖、兴奋、热情、积极、希望、忠诚、健康，红色历来是我国传统的喜庆色彩。消极倾向：暴力、危险、卑俗等。

（2）橙色——辉煌、活泼、炽热、温情、愉快、幸福。消极倾向：疑惑、嫉妒、伪诈等。

（3）黄色——华丽、轻快、透明、光明、希望、功名等印象。消极倾向：轻薄、不稳定、变化无常、冷淡等。

（4）绿色——象征生命、青春、和平、安详、新鲜等。黄绿带给人们春天的气息，含灰的绿有成熟、深沉的感觉。

（5）蓝色——沉静、冷淡、理智、高深、透明、高科技等含义，蓝色也有其另一面的性格，如刻板、冷漠、悲哀、恐惧等。

（6）紫色——具有神秘、高贵、优美、庄重、奢华的气质，有时也感孤寂、消极，尤其是较暗或含深灰的紫。

（7）黑色——黑色为无色相、无纯度之色。往往给人沉静、神秘、严肃、庄重、含蓄的感觉，另外，也易让人产生悲哀、恐怖、沉默、消亡、罪恶等消极印象。黑色的组合适应性却极广，无论什么色与其相配，都能取得赏心悦目的良好效果，彩特别是鲜艳的纯色。但是不能大面积使用。

钦禄

（8）白色——白色给人印象中洁净、光明、纯真、朴素、恬静等。在它的衬托下，其他色彩会显得更鲜丽、更明朗。

（9）灰色——灰色是中性色，其突出的性格为柔和、细致、平稳、朴素、大方，它不像黑色与白色那样会明显影响其他的色彩。因此，作为背景色彩非常理想。任何色彩都可以和灰色相混合，略有色相感的含灰色能给人以高雅、细腻、含蓄、稳重、精致、文明而有素养的高档感觉。当然滥用灰色也易暴露其乏味、寂寞、忧郁、无激情、无兴趣的一面。

杨梦雅

第八章 色彩构成

作业练习：

● 春、夏、秋、冬色调练习

要求：8K 纸四幅。

春

夏

秋

93

设计 Design

冬

春　　　　　　　　　　　　　　秋

夏　　　　　　　　　　　　　　冬

第八章 色彩构成

春、夏、秋、冬色彩构成作品欣赏

设计 Design

作业练习：

●酸、甜、苦、辣的色构练习。

要求：8K 纸四幅。

酸

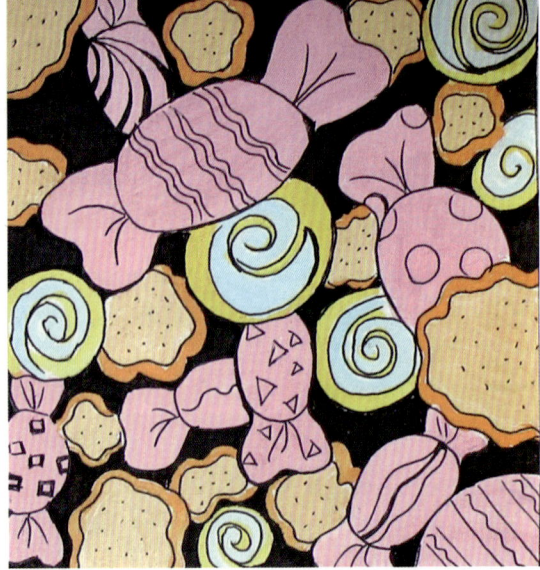

辣

苦

甜

第八章 色彩构成

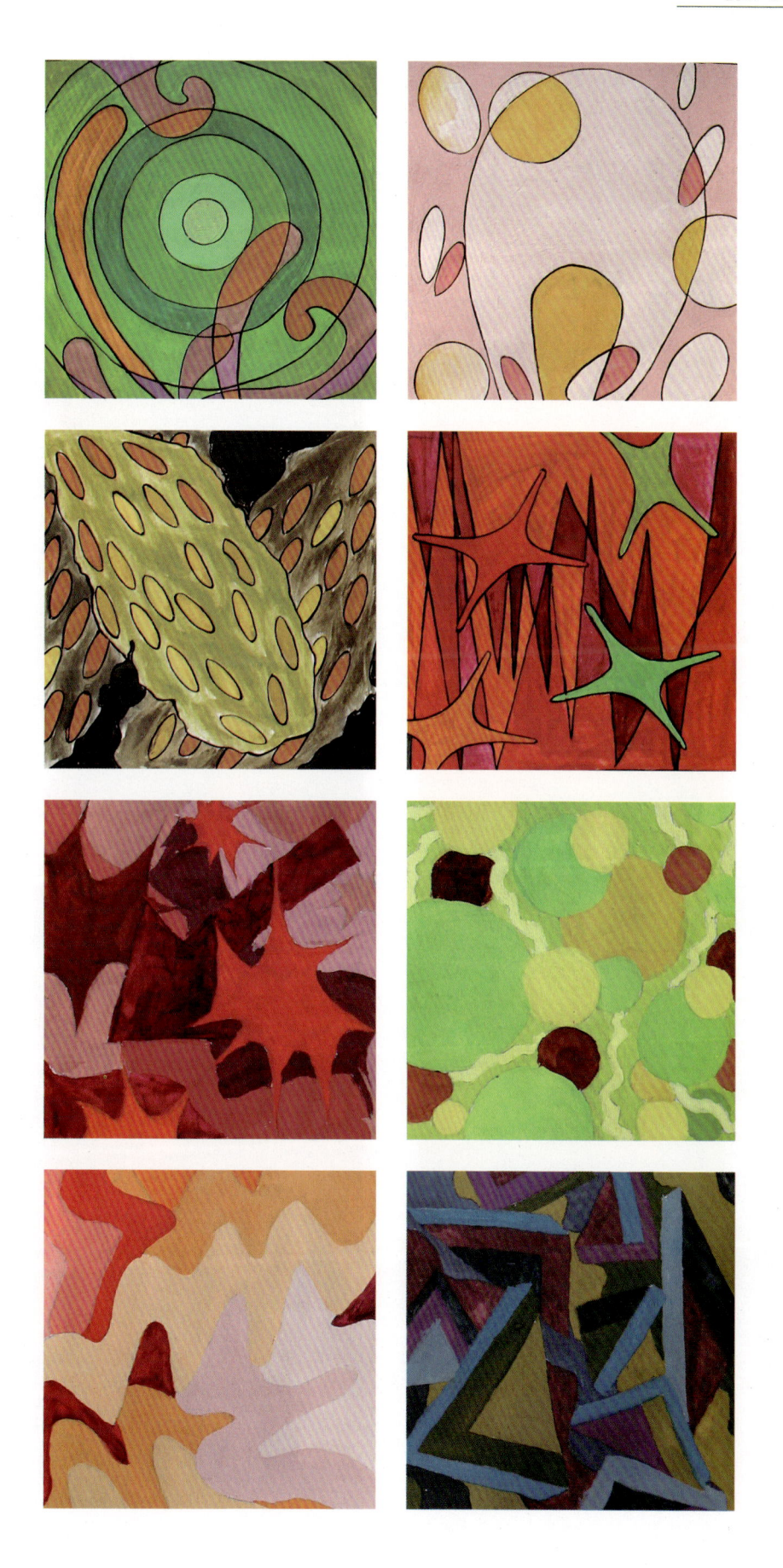

优秀色彩构成范例

第八章 色彩构成

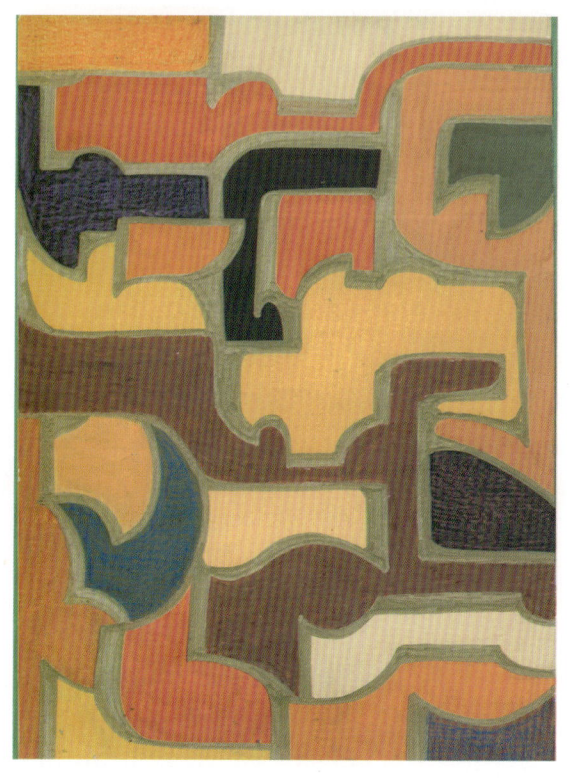

设计 *Design*

胡博睿

胡博睿

丁琦

窦小婷

第八章 色彩构成

师生优秀设计作品范例欣赏

巩海燕（老师）

巩海燕（老师）

巩海燕（老师）

巩海燕（老师）

设计 *Design*

姜姗

李默　　　　　　　　卢军（老师）

杨延骁

第八章 色彩构成

段培媛

赵小丛

崔琳琳

陈萌

刘小涵

岳晓露

103

设计 Design

梁怡桐

姜禹鑫

金爱真

蘧怡帆

104

第八章 色彩构成

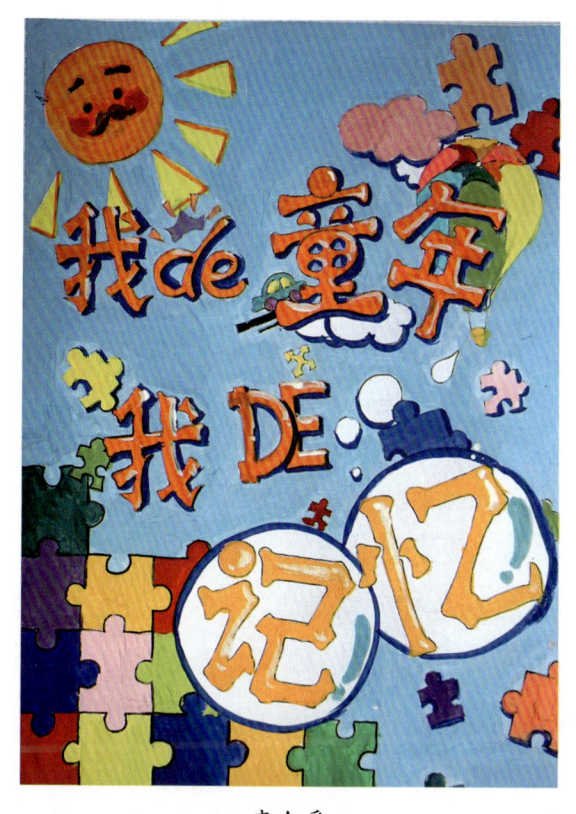

李金舜

张佳浩

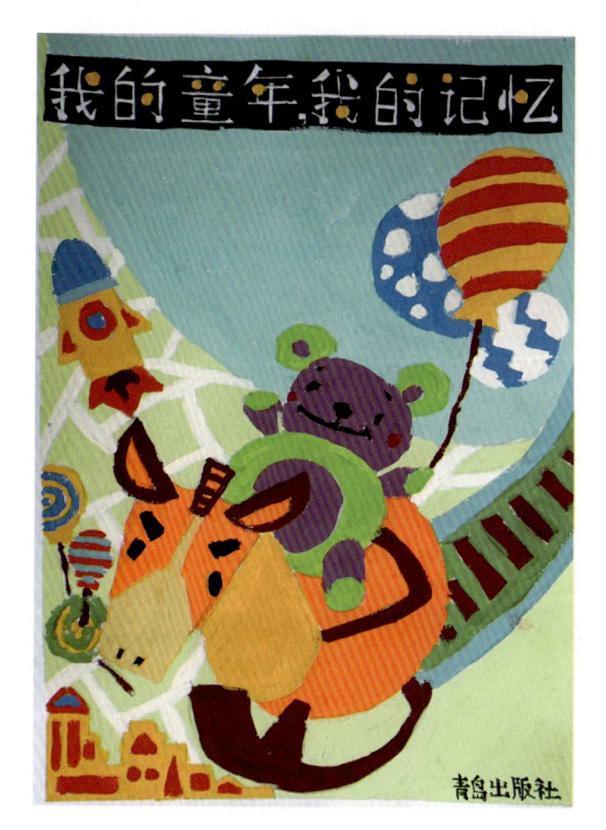

于雨禾

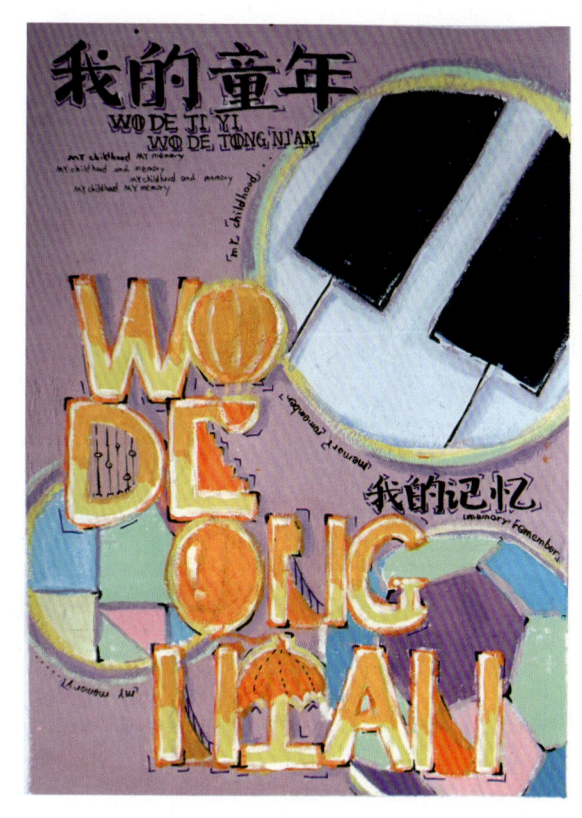

宋浚哲

105

后 记

感受设计之美，培养创新人才

设计基础课程是青岛六中艺术教育特色课程，是对学生创造意识的培养，是对未来艺术人才专业潜能的发掘，同时设计基础内容的学习、掌握也是作为未来艺术家、设计师所必需具备的基本素质。

随着中国经济和文化的大发展，社会对于设计专业的需求越来越大，对设计人才教育质量的要求也越来越高，设计这一学科也迅速地成长壮大起来。现在全国各大艺术名校的美术高考中，除了素描、色彩的美术基础考试外，还不同程度地加入了艺术设计专业的考试，设计考试的内容形式多样，但其目的都是为了能招收到具有艺术创造力和想象力的艺术人才。很多学生误以为只要绘画基本功扎实，不需要什么创新思维、创意表达。其实，中国未来的艺术教育会越来越注重创新人才的培养，这也是社会和市场的需求。

高中的设计基础课程是经过系统的设计基础知识内容的学习及设计实践的训练，为学生奠定学科基础知识，培养学生对设计艺术的兴趣。教学过程中通过设计各个不同门类的学习、欣赏、表现给学生以美的感受与体验。

我校通过多年的教学实践以研究与发展为主线，从设计基础教学的不同方向开设了装饰、图形、构成等几大课程模块，在教学内容、教学方式上形成了较适合高中美术生学习的设计教学体系，是青岛六中美术教学体系中一个重要的组成部分。装饰设计章节，主要让学生掌握装饰造型设计的方法、规律；创意图形设计章节，主要是发掘学生的创意思维，学会创意表达；构成章节，主要是让学生掌握构成设计的普遍规律，学会运用形式美的法则。

通过本册设计教材的编写与实施，让学生学会设计美感形态，再现学生对生活中设计艺术的理解，同时提高了学生们发现问题、解决问题的能力。能让学生拥有独特的审美情趣、创新的表现能力及较高的艺术素养、责任感，是我校设计专业基础教学的最终目标，同时也是我校艺术素质教育全面发展的一个方向。

本册设计教材在编写过程中得到了学校领导及美术组同仁们的大力支持，在此一并感谢。由于时间仓促，编者能力有限，书中尚有许多不足之处，还请诸位专家、读者指教，以便能更好地提升、发展高中的设计教学，让学生们能受益更多。

青岛六中　巩海燕

图书在版编目（CIP）数据

设计 / 巩海燕主编 . -- 北京 : 中国书籍出版社，2016.4

ISBN 978-7-5068-5502-0

Ⅰ.①设… Ⅱ.①巩… Ⅲ.①美术—设计—高中—教材 Ⅳ.① G634.955.1

中国版本图书馆 CIP 数据核字（2016）第 070265 号

设 计

巩海燕 主编

责任编辑	孙 珊
责任印制	孙马飞 马 芝
封面设计	青岛阅优文化传媒有限公司
出版发行	中国书籍出版社
地 址	北京市丰台区三路居路97号（邮编：100073）
电 话	（010）52257143（总编室） （010）52257153（发行部）
电子邮箱	eo@chinabp.com.cn
经 销	全国新华书店
印 刷	青岛任缘印刷包装有限公司
开 本	889mm×1194mm 1/16
字 数	52千字
印 张	7.5
版 次	2016年4月第1版 2016年4月第1次印刷
书 号	ISBN 978-7-5068-5502-0
定 价	28.00元

版权所有 翻印必究